KB002120

하이데거의 『형이상학이란 무엇인가』 읽기

세창명저산책_020

하이데거의 『형이상학이란 무엇인가』 읽기

초판 1쇄 인쇄 2014년 4월 10일
초판 1쇄 발행 2014년 4월 15일
-
지은이 김종엽
펴낸이 이방원
기획위원 원당희
편집 조환열 · 김명희 · 안효희 · 강윤경
디자인 손경화 · 박선옥
마케팅 최성수
-
펴낸곳 세창미디어

출판신고 2013년 1월 4일 제312-2013-000002호

주소 120-050 서울시 서대문구 경기대로 88 냉천빌딩 4층

전화 02-723-8660

팩스 02-720-4579

이메일 sc1992@empal.com

홈페이지 http://www.sechangpub.co.kr/
-
ISBN 978-89-5586-201-0 03110

이 도서의 국립중앙도서관 출판시도서목록CIP은 서지정보유통지원시스템 홈페이지http://seoji.nl.go.kr와
국가자료공동목록시스템http://www.nl.go.kr/kolisnet에서 이용하실 수 있습니다.
CIP제어번호: CIP2014009641

세창명저산책_020

김종엽 지음

하이데거의 『형이상학이란 무엇인가』 읽기

세창미디어

머리말

인간의 실존은 생물학적인 자기보존의 법칙만으로 설명될 수 없다. 자기만을 위한 삶을 우리는 생물학적으로 닫혀 있다고 표현한다. 그러나 인간의 존재는 세계를 향해 열려 있으며, 우리에게 어떤 식으로든 풀어야 될 과제로 주어져 있다. 형이상학의 본질은 과제로 주어진 인간 실존의 흔적을 추적하는 데 맞춰져 있다. 하이데거가 형이상학에 집착한 이유는 그것이 철학의 기초이기 때문이 아니다. 형이상학의 언어를 이해할 때, 우리는 비로소 실존 안에서 무엇이 발생하는지를 섬세한 감성으로 관찰하고 기술할 수 있는 것이다.

이 해설서는 형이상학에 대한 하이데거의 농축된 사유를 일상적 언어로 풀어 희석稀釋하는 것을 목표로 하고 있다. 하이데거의 책이 그의 언어를 이해하려는 대중에게 조금은 불친절하게 느껴질 수 있기 때문이다. 물론 우리의 의도가 성공할 것인지는 여전히 불투명하다. 원문보다 해설서가 더 두껍다는 사실에 당황스럽기까지 하다. 하이데거의 언어에 필자의 주관적 사유가 덧붙여지며 사태를 더욱 복잡하게 만든 것은 아닌지 두려움도 있다.

프랑스 역사학자 마르크 블로크Marc Bloch는 책을 집필하는 일이 왜 단순한 작업이 아닌지를 정확하게 알려준 바 있다. 아이에게나 특정한 분야를 전공한 전문가에게나 동일하게 이해될 수 있도록 하는 작업이 이른바 집필의 과제라는 것이다. 그러나 단순함과 깊이를 동시에 갖춘 저서를 쓰는 일은 소수의 재능 있는 작가에게나 가능하다는 사실을 그 역시 알고 있었다. 필자는 그 소수의 재능 있는 작가에 속하지 않기 때문에 단순함과 깊이를 동시에 빗겨갈 가능성도 있다. 하이데거의 사유를 단순화시킨 부분에서는 오해의 소지가 있고, 깊이를 강조한 부분에서는 주관적 왜곡의 가능성이 있다. 이것은 전적으로 필자가 지고 가야 할 몫일 것이다.

출판계의 사정이 어렵다. 먹고살기도 버거운 시대를 통과하다 보니 인문학적 사유의 여백을 강조하는 일이 자칫 사치로 느껴지기도 하다. 하지만 이럴 때일수록 우리에겐 더욱 정신적 여유가 필요하다. 그것을 위해 다양한 인문학 명저를 선별하여 해설서를 기획하고 있는 세창미디어의 용기와 기백은 가히 놀랍고 고마운 일이다. 보잘것없는 해설서를 꼼꼼한 교정과 디자인으로 포장해 준 편집진에도 감사의 마음을 전한다.

저자 김종엽

| CONTENTS |

제1부
독자를 위하여

1. 하이데거와 형이상학

대학에서 철학을 전공하고 있거나 철학에 남다른 애정을 지니고 있는 사람들이 철학의 역사를 즐겨 들춰보는 일은 당연한 일이다. 그런데 당연한 일이 항상 자명하게 느껴지는 것은 아니다. 철학을 역사적으로 고찰할 때, 저자만의 독특한 상상력을 견지하고 있는 책을 찾기가 여간 쉽지 않기 때문이다.

사유의 역사는 수많은 사색의 편린들이 모여 외적으로 붙여진 모자이크가 아니다. 철학사는 독특한 개성을 소유한 정신의 왕자들이 펼쳐낸 개념의 보고寶庫이자, 후대의 주석이 그 위에 겹겹이 쌓이면서 형성된 험준한 산이기도 하다. 감히 이 산맥을 오르며 마지막까지 완주하려는 사람은 거친 정신적 여정을 각오해야만 한다.

열의와 결기가 없이 섣불리 등반에 나섰다가는 낙오하기 십상이다. 대부분은 자신의 정신력에 실망하여 도중에 발걸음을 돌리곤 한다. 더구나 정상에 오르기 전에 반드시 거쳐야 되는 거점들도 있다. 짧지만 강렬한 하이데거의 저서 『형이상학이란 무엇인가Was ist Metaphysik?』는 이 노정에서 지나칠 수 없는 정거장이다.

이 저서의 본문은 하이데거가 대학교수로 취임하면서 기념강연을 위해 준비한 논문이 한 권의 책으로 엮여 출판된 것이다. 이러한 이유로 이 저서는 책이라고 하기에는 터무니없이 작은 분량으로 구성되어 있다. 하지만 양적 차이가 책의 질을 결정하는 것은 아닐 것이다. 종종 작은 고추가 매운 법이기도 하다. 이 책을 끝까지 정독해낼 수만 있다면, 우리는 한 탁월한 철학자가 지닌 철학적 상상력의 전망을 한 손에 움켜질 수 있을지도 모른다. 물론 이를 위해서는 자연적 삶을 넘어서는 상당한 정도의 정신적 내공이 필요하다. 최소한 두 가지 이유에서 그렇다.

첫 번째로, 저서의 제목인 형이상학이라는 개념은 결코 만만히 볼 수 있는 주제가 아니다. 철학사전을 통해 본 정의定義는 비교적 단순하다. '사물의 본질이나 존재의 근본 원리를 사유나 직관을 통해 연구하는 학문'이라는 뜻으로 형이상학은 일반화되어 있다. 하지만 이러한 통속적인 사용맥락을 숙지한다고 해서 문제가 해결되는 것은 아니다. 철학자의 고유한 사유방식에 따라 본질과 근본 원리가 달라지고 개념의 역사와 함께 의미가 두터워지기 때문이다.

두 번째 이유도 같은 맥락에서 파악될 수 있다. 형이상학을 두텁게 감싸고 있는 개념의 역사는 양파껍질 벗기듯 명확성이 없어 독자를 당황시키곤 한다. 이 때문인지 몰라도 형이상학을 다루는 하이데거의 언어도 지극히 자의적이고 함축적 의미들로 가득 차 있다. 일반인의 접근을 애써 외면하는 하이데거의 난해한 사유방식이 전적으로 그의 잘못만은 아닌 것이다. 물론 언어적 단순함과 정신적 깊이를 동시에 겸비하지 못했다는 비난은 당연히 하이데거가 짊어져야 할 멍에이기는 하다.

하이데거가 사용하는 상상력과 언어의 독특한 구조를 여기서 우리가 전부 해명할 수는 없다. 독일어가 지닌 의미의 풍요로움과 함께 개념의 역사성까지 자신의 사유과정에 포함시킨 하이데거의 철학적 개념들은 전용사전을 필요로 할 정도로 난해하다. 우리의 해제가 하이데거가 사용하는 언어를 전부 설명할 수는 없다. 그 과제는 불가능한 일이다. 그럼에도 해제에 필수 불가결한 개념에 있어서만큼은 일상적 사용방식과 구별하기 위해 지면을 할애할 것이다. 지금은 형이상학이라는 사유방식이 하이데거의 전체 철학에서 어떤 위치를 점하고 있는지를 간단히 살펴볼 것이다.

1) 형이상학의 지위

철학이란 무엇인가? 이 질문은 좀 더 상세하게 들여다볼 필요가 있다. 이 질문을 통해 우리는 철학이 무엇을 연구하는 학문인가를 묻고 있는 것이 아니다. 단적으로 철학은 자신과 세계를 위대한 책으로 삼아 스스로 사유하는 과정이기 때문이다. 따라서 철학의 본질을 묻는 일이란 철학적 상상력이 무엇인지를 묻고 있는 셈이다. 자연적 삶의 방식을 뛰어넘어서 철학적 상상력은 자신과 세계를 무한한 가능성으로 해석해 나간다.

하이데거가 철학과 형이상학의 본질을 동일한 선상에서 취급한 이유가 여기에 있다. 철학적 상상력은 인간적 사유의 우연한 방식이 아니다. 인간이 동물의 본능적 생활방식에서 분리된 이후로 철학적 상상력은 인간의 조건이자 동시에 형이상학의 출발선이 된 것이다. 형이상학은 인간적 삶의 단면을 정교하게 기록하고 있을 뿐이다. 호모 사피엔스는 곧 호모 필로소피쿠스Homo philosophicus이자 호모 메타피지쿠스Homo Metaphysicus이다. 이렇게 놓고 보면 우리가 형이상학을 하이데거 철학의 변두리가 아닌 중심부에 위치시킨다 하여 크게 문제될 것 같지는 않다.

존재론, 현상학, 실천철학, 실존주의, 해석학은 물론이고 말년에는 신학에 이르기까지 하이데거의 사유가 걸치고 있는 지적 스펙트럼은 넓고도 깊다. 물론 형이상학도 이러한 광활한 지적 영토의 한 부분임에는 틀림이 없다. 하지만 단순히 양적인 지분만을 놓고 평가한다면, 이는 번지수를 한

참 잘못 짚은 것이다. 첫 단추를 잘못 꿰면 전체 옷차림이 우스꽝스럽게 돼 버린다. 이때 우리는 하이데거 철학의 중심부로 진입하지 못하고 변두리에서 방황하는 신세를 면치 못할 것이다. 형이상학은 독립적으로 기능하는 것처럼 보이는 하이데거 철학의 다양한 지적 지류들이 서로 유기적으로 연결될 수 있도록 묶어주는 연결고리와도 같다. 그의 다양한 지적 편력과 철학적 호기심은 단 한 번도 형이상학의 지평을 벗어난 적이 없었던 것이다.

물론 하이데거의 언어가 일관되게 형이상학의 본질을 묻고 있지는 않다. 누구에게나 있을 법한 거칠고 성마른 시기가 하이데거에게도 있었다. 그는 이 시기를 형이상학의 본질을 물으며 보낸다. 정확하게 존재가 무엇인지에 대한 호기심이 절정에 달했을 때가 이에 해당한다. 언젠가 초인을 꿈꿨던 니체Friedrich Wilhelm Nietzsche는 인간의 시간을 아이, 낙타, 사자 그리고 다시 아이의 단계로 구분하여 고찰한 적이 있었다. 이성이 명령하는 목표지점에 도달하기 위해 묵묵히 짐을 지고 사막을 횡단하는 단계가 낙타의 시간이다. 반면 사자의 시간은 오랜 인내를 통해 얻어낸 칼을 한 손에 쥐고 스스로 판단하고 행동하는 젊음의 초상이다.

하이데거가 존재에 대한 물음을 손에 쥐고 이를 야심차게 해명하기 시작하던 시기는 사자의 포효처럼 느껴진다. 존재의 문제를 인간 실존을 분석함으로써 이해하려 했던 의지적 노력은 하이데거에게는 젊음의 상징과도 같다. 철학사가 기억하고 인정하는 하이데거의 모습도 이 시기가 대부분이다.

그런데 인간은 마냥 사자처럼 살 수는 없는 법이다. 사자의 날카로운 발톱도 시간의 잔혹함을 넘어서지는 못한다. 젊은 사자에 쫓겨 벼랑 끝에 서 있는 자신을 보기까지 그리 오랜 시간을 기다릴 필요가 없다. 화무 십일홍花無十日紅이요, 달도 차면 기우는 법이다.

젊음의 투박함이 한풀 꺾이고 실존의 고집스러움을 내려놓은 말년에 하이데거의 언어는 다시 아이처럼 유연해진다. 그는 존재를 적극적으로 해명하기보다 실존을 부르는 존재의 목소리에 경청할 것을 독자에게 권하고 있다. 하이데거의 생각이 바뀐 것일까? 한편으로는 그렇지만, 다른 한편으로는 그렇지 않다. 인간이 존재와 맺는 관계를 바라보는 시각에 있어서는 분명 입장이 달라졌지만, 그를 통해 하이데거가 도달하려는 지점은 여전히 형이상학의 본질을 묻는 것이기 때문이다.

당연히 존재를 다루는 방식에 있어서는 많은 변화가 있다. 아니, 근본적인 차이가 있다. 시간의 흐름이 가져다 준 정신의 여백과 자연을 바라보는 원숙함에서 커다란 차별성이 존재한다. 젊음의 특징이 인생을 정열적으로 세우는 데 있다면, 황혼녘에 바라보는 삶의 모습은 채운 것을 내려놓고 자신의 내부를 비울 때 그 전체의 모습이 드러나기 마련이다. 하이데거의 사유에서 모종의 변화가 있다면, 이와 같은 것이 아닐까?

특이하게도 우리가 다룰 하이데거의 저서 『형이상학이란 무엇인가』는 앞서 언급된 두 부분을 동시에 내포하고 있다. 일반적으로는 매우 보기 힘든 광경이다. 어떻게 한 저서 안에 이질적인 사유방식이 동시에 공존할 수 있단 말인가? 더욱이 하이데거는 사유의 내적 통일성을 유지하지 못할 정도로 아마추어 철학자가 아니다. 하이데거가 일반인과는 다른 정신적 이력을 지녔기 때문일까? 그 비밀은 의외로 엉뚱한 곳에서 찾아질 수 있다. 저서의 서론과 본문 그리고 맺음말이 각각 시간적 차이를 두고 쓰였기 때문이다.

　정확하게 표현하자면, 우리가 읽게 될 이 저서는 시기적으로나 내용적으로 정확하게 인생의 젊음과 황혼기의 한가운데에 위치하고 있다. 이것은 학문적으로 별로 중요하지 않을 수도 있다. 한 저서를 평가하며 저자의 나이에 신경을 쓰는 독자는 없다. 하지만 세심한 주석가라면 사정이 달라진다. 특히 저자가 중요한 부분에서 사고의 전환을 보이고 있다면, 이는 분명 그의 시간과 무관하지 않다. 인간은 유한한 시간을 살아가기에 일정한 시기마다 생의 나이테가 새겨지기 마련이다.

　우리에게는 아무렇지도 않게 무시할 수 있을 만큼 인간학적인 사실이 소소한 것은 아니다. 특히 철학 입문서에 나오는 하이데거의 일반화된 철학이 아니라, 한 철학자의 삶의 단면을 섬세한 감성으로 만나고 싶다면, 우리는 시간이 간직하고 있는 인간학적 비밀에도 주목할 필요가 있는 것이다. 하이데거에게 형이상학은 어떠한 인간학적 비밀을 지니고 있었던 것일까?

　먼저 형이상학의 어원부터 살펴보자. 형이상학이라는 명

칭은 아리스토텔레스Aristoteles로부터 유래한다고 알려져 있다. 그것도 그를 통해 직접적으로 붙여진 것은 아니라고 한다. 형이상학은 아리스토텔레스의 주요 저서들이 편집되는 과정에서 우연히 탄생한 이름이다. 아리스토텔레스의 영향력 있는 저작들은 대체로 자연과 관련된 것이다. 그의 스승이었던 플라톤Platon과는 반대로 아리스토텔레스는 존재자들의 현실성을 존재의 중심부에 위치시켰기에 자연계와 생태계의 속성을 관찰하고 기록하는 일은 평생에 걸친 그의 과제였던 것으로 보인다. 이러한 이유로 편집을 담당하고 있었던 안드로니우스Andronius of Rhodes라는 인물은 조심스럽게 아리스토텔레스의 기록물들을 우선순위에 따라 배열할 필요가 있었다. 그때 이름이 붙여지지 않은 일련의 저서들이 그의 눈에 들어오게 된다. 내용만으로 보면 분명 경험을 통해 파악되는 자연학을 넘어서는 것처럼 보였지만, 그는 자연학이 지니고 있는 중요성에 따라 이 기록물들을 무심히 뒤편에 배치하게 된다. 글자 그대로 '자연학 뒤에 있는 것Ta meta ta physika'이라는 의미를 지닌 형이상학은 이렇게 세상에 모습을 드러내게 된 것이다.

물론 우리는 오늘날 형이상학을 '자연학 뒤에 위치한 이상한 기록' 정도로 여기지는 않는다. 그럼 언제부터 형이상학이 사물의 본질을 추구하는 철학의 제왕으로 군림하게 되었을까? 단순히 뒤에 있다는 'meta'의 정의에 '넘어서는' 혹은 '초월적'이라는 의미를 부여한 것은 엄밀한 의미에서 후대 철학자들의 상상력에 의해서이다. 눈에 보이는 사태의 이면에 눈에 보이지 않는 본질적인 것이 존재할 것이라는 생각은 가장 강력한 인간적 믿음 가운데 하나이다. 물론 후대의 상상력이 충분히 창의적이거나 아리스토텔레스를 능가했다는 주장이 아니다. 내용상으로만 보면, 이미 아리스토텔레스에서부터 형이상학은 사물의 본질을 추구하는 제일 철학prōtē philosophia으로 간주되고 있기 때문이다.

형이상학의 주된 과제는 사태나 사물의 제일원리를 밝히는 데 있다. 서양 철학사에 등장하는 형이상학의 아버지는 누가 뭐라 해도 역시 플라톤이다. 그는 눈에 보이는 가상의 세계를 넘어서 진정으로 '있는 것'이 무엇인지를 물으며 우리가 알고 있는 전통 형이상학의 전체적인 밑그림을 그린다. 이데아, 원형, 본질, 보편성 등 형이상학만이 사용하는 전문 개념들이 등장하는 시점도 플라톤의 사유에서부터이다. 우연적이며 소멸하는 개별적인 것들을 넘어서 불변하는 것을 추구하는 인간의 자연적 욕구가 빚어낸 빛나는 산물이라 하겠다.

플라톤의 제자였던 아리스토텔레스가 스승의 고차원적 세계를 마냥 부정한 것은 아니다. 오히려 그가 스승의 생각을 더욱 풍요롭게 해석했다고 보는 편이 맞다. 본질과 보편성이 녹아들어 현실태로 드러난 것에 주목했으니 말이다. 철학사는 아리스토텔레스가 플라톤의 형이상학에 현실적인 지평을 덧붙였다고 증언하고 있다. 아리스토텔레스는 '존재하는 것을 있는 그대로의 모습으로 고찰하고 또한 이 존재하는 것에 근본적으로 속하는 것이 무엇인지를 고찰하는 학문'으로 형이상학의 과제를 구체화한 것이다Meta 1003a21-22. 존재자를 넘어서는 추상적 본질이 아니라, 존재자의 존재 그 자체를 묻기 시작한 것이다.

2) 전통 형이상학과의 결별

하이데거의 사유는 플라톤의 형이상학보다는 아리스토

텔레스의 사유방식에 더 근접해 있다. 아리스토텔레스에 따르면 형이상학의 과제는 존재의 진리를 밝히는 일이다. 하이데거에게 있어서 존재의 진리는 존재자를 넘어서는 불멸의 화신이 아니다. 오히려 형이상학의 과제는 존재자를 존재자로 있게끔 만드는 존재 근거에 관한 물음과 함께 시작한다.

그럼에도 하이데거가 아리스토텔레스의 주석가인 것은 아니다. 하이데거의 형이상학이 아리스토텔레스의 사유가 멈춘 지점에서부터 출발하고 있음은 다양한 관점에서 볼 때 타당해 보인다. 물론 하이데거가 형이상학의 종착역에 이르기까지 한결같은 마음으로 나아간 것은 아니다. 존재자로부터 출발하여 그것의 존재를 묻고 진리를 논하는 일은 필연적으로 존재Sein와 존재자Seinde의 구별을 전제로 한다. 양자는 근원적으로 구별되지만 서로 내재하기에 동일한 존재론적 지평에서 다뤄져야 한다. 이 사태를 사유하고 언어로 표현하는 작업은 섬세한 감성을 필요로 한다. 하이데거에게도 결코 쉽지 않은 과제였던 것이다.

벌써 첫 단추에서부터 일반 독자는 당황할 수밖에 없다.

존재자는 무엇이고, 존재는 또한 무엇이란 말인가? 하이데 거의 형이상학이 양자의 구별로부터 출발한 것은 분명한 사 실이지만, 전통 철학에서처럼 명확한 경계선을 확정하고 있 는 것은 아니다. 정확히 말하면, 애초부터 존재와 존재자의 경계선이 모호할 수밖에 없다. 하이데거가 전통 형이상학의 역사에서 확인한 사실은 바로 이 경계의 '불투명함'으로부터 야기된 다양한 오해와 오류들이다. 물론 그는 사유의 빗나간 발자취까지 형이상학의 본질에서 그 원인을 찾는 초강수를 두기도 한다. 이 사실을 우리는 본문을 해독하며 확인하게 될 것이다. 어쨌든 하이데거에게 있어서 형이상학의 역사는 존재자의 존재를 둘러싼 사유의 변화이자 오해의 역사이다.

존재와 존재자는 근본적으로 다르지만 서로 떨어질 수 없 다. 형이상학은 존재자의 존재근거를 묻는 것이다. 이것이 하이데거가 철학사에 자신의 명함을 등재했을 때 견지했던 입장이다. 그러나 존재와 존재자의 구별을 둘러싼 미묘한 입장 차이가 하이데거의 사유를 전체적으로 조망하려는 독 자를 혼란케 한다. 이 문제는 우리의 중심 주제가 아니기에 정밀하게 다룰 수는 없다. 그럼에도 존재와 존재자의 관계를 둘러싼 사유가 하이데거의 철학에서 중심부를 관통하고 있다는 사실은 분명해 보이기에, 마냥 지나칠 수 없는 것도 사실이다.

문제는 존재에 대한 사유에 있다. 존재자의 존재근거 혹은 존재진리를 탐구하는 일은 자연스럽게 존재의 본질에 대한 물음으로 이어지기 마련이다. 존재의 '전도사'라는 다소 냉소적 이미지를 감수하면서까지 하이데거는 형이상학의 역사를 존재의 역사로 둔갑시킨다. 형이상학은 단순히 철학의 한 분과가 아니라, 철학이라는 이름이 붙여질 수 있는 존재에 대한 모든 사유에 적용된다고 본 것이다_{Nietzsche II, 487.}* 실제로 우리가 여기서 다룰 그의 저서에서 형이상학은 철학이 발생하는 근원적 지평으로 간주되고 있다. 형이상학 안에서 철학이 자기 자신에 도달하며 자신의 명확한 과제 또한 인식할 수 있다는 것이다. 이렇게 놓고 보면 철학과 형이상학의 혼용은 부주의 탓이라기보다는 의도적이라고 봐야 할 것 같다.

---

* 주요 서적의 출처는 약식으로 기재하였다. 상세한 서지정보와 약어 표기는 참고문헌(237쪽)을 보기 바란다.

철학은 단순히 세계를 바라보는 인식론적 관점이나 세계 관의 차이가 아니다. 철학적 사유에는 그보다 훨씬 근원적 이고 인간적인 의미가 담겨 있다. 철학은 다른 존재자와 상이한 방식으로 살아가는 인간의 근원적 실존방식이다. 철학적 사유의 한가운데에 자신의 존재의미를 묻는 인간 실존의 모습이 감춰져 있는 것이다.

형이상학의 본질도 큰 틀에서 이와 다르지 않다. 형이상학은 존재의 진리를 묻는다. 달리 말하면 인간이라는 존재자의 존재 그 자체를 묻는 것이다. 이 진리를 일반적인 인식의 틀에서 파악하려고 할 때, 우리는 형이상학의 본질을 놓치고 만다. 하이데거는 전통 형이상학의 행보가 항상 인식론의 영역에 머물렀다고 비판한다. 그의 작업은 인식론의 한계를 넘어서 사유를 확장하는 데 있다. 존재는 인식되는 것이 아니라 스스로 자신을 드러내고 자신에 대한 사유를 추동한다. 그럴 때만 존재는 존재자의 의미이자 동시에 그것의 드러남이 될 수 있다는 것이다. 약간 더 자세히 알아보자.

하이데거는 존재의 근거를 진리와 연결시킨다. 진리란 무엇인가? 인류 역사를 통틀어 이 질문만큼 오래되고 무거운 질문도 없을 것이다. 섣부른 판단은 혼란만을 가중할 뿐이다. 여기서 하이데거는 진리의 의미를 정리하는 것부터 시작한다. 고대 그리스에서 진리를 뜻하는 단어 알레테이아alētheia는 일종의 앎과 관련이 있었다. 원천은 플라톤의 사유에서 비롯된다. 플라톤에게 있어서는 진리는 진위眞僞의 문제를 다뤘던 인식, 즉 에피스테메epistēmē로 간주되었다. 진리가 옳은 것이라면, 비진리는 그른 것이 된다. 서양 철학사를 관통했던 거대한 물줄기는 플라톤의 이러한 인식론적 경향에서 감히 벗어날 수 없었다. 그런데 이에 이의를 제기하고 새로운 지류를 개척한 인물이 바로 하이데거이다. 하이데거는 존재의 진리를 어원에 충실하여 해석하고자 한다. 그에 따르면 진리란 일종의 '드러남'이라는 것이다. 존재란 우리의 인식 여하에 따라 옳거나 그르게 판단되는 그 무엇이 아니라, 존재자의 모습에서 자신을 스스로 드러내거나 은폐하는 존재자의 근거라는 것이다.

이 차이는 생각보다 크다. 인식론의 영역에서 진리가 우리의 사유에 전적으로 의존한다면, 존재론적인 영역에서의 진리는 우리의 삶과 함께 드러날 수 있기 때문이다. 여기서 하이데거는 전통 형이상학과 결별하는 수순을 밟는다. 형이상학의 과제가 존재자의 존재를 묻는 것이라면, 존재는 존재자와 함께 드러나야 할 것이다. 이는 지극히 논리적인 수순이다. 달리 생각할 수 있는 길이 없다. 문제는 존재가 어디서 그리고 어떻게 드러나는지를 밝히는 데 있다. 여기서 하이데거는 인간 실존이 지니고 있는 존재론적 지위를 언급한다. 존재가 가장 탁월하게 자신을 드러내는 존재자가 바로 인간의 실존이라는 것이다.

이러한 맥락에서 하이데거는 존재가 드러나는 인간의 실존을 현존재Dasein라고 부른다. 인간의 실존에게 존재론적 특혜를 부여한 것이다. 이러한 사고가 인간 중심주의의 범주에 포함될 수 있는지는 신중한 검토를 필요로 한다. 최소한 하이데거는 자연을 파괴하며 자기보존 본능에 충실한 현대의 과학기술문명을 신랄하게 비판하고 있기 때문이다. 일단 하이데거의 논의에 충실해 보자.

현존재는 존재의 의미이자 존재가 드러나는 고유한 자리이다. 여기서 주의해야 할 점은 현존재라는 개념이 인간의 보편성을 뜻하지 않는다는 사실이다. 현존재는 철저하게 개별화된 실존을 의미하며 그러한 의미에서 존재는 '나'의 삶을 통과하며 자신의 모습을 드러낸다. 존재와 실존의 결합은 과거 인식론의 영역에 갇힌 진리를 삶의 영역으로 크게 확장시킨다. 사유나 의지의 크기에 상관없이 우리가 존재하는 것이 무엇인지에 대해 묻고 고민하는 동안 우리의 삶은 존재의 드러남과 함께한다는 것이다. 하이데거에게 있어서 실존은 형이상학적 사유와 동일한 선상에서 움직이게 된다. 이 입장은 하이데거의 전체 철학에서 일관성을 유지하고 있다.

혹자는 하이데거의 형이상학에 의구심을 표명하곤 한다. 정말 하이데거는 전통 형이상학과 근본적으로 결별한 것일까? 행여 그는 전통 형이상학을 현대적 언어로 재해석하고 있는 것은 아닐까? 일반적으로는 전자가 유력한 해석이다. 하지만 우리가 억지로 눈과 귀를 막지 않는다면, 과거의 역사로부터 단절된 사람은 없다. 이는 하이데거도 피해갈 수 없는 인간의 조건에 해당한다.

그럼에도 우리는 하이데거가 보여준 철학적 상상력에 놀

라움을 금할 수 없다. 과거로부터의 단절이라는 표현이 무색하지 않을 정도로 충분히 창의적이기 때문이다. 우리는 하이데거의 형이상학이 전통보다 우월하다고 주장하고 있는 것이 아니다. 이는 철저하게 독자의 몫이다. 다만 우리가 누군가를 철학자homo philosophicus라고 부를 수 있는지 그 조건을 언급하고 있을 뿐이다.

과거의 사유를 그저 답습하고 되뇌는 사람은 그것이 마음의 빗장이 되어 세계와 존재의 의미가 들어오는 통로를 스스로 막아 버린다. 그런 사람이 자신의 것을 만들어 내기란 거의 불가능하다. 철학의 역사는 자신의 고유한 색채가 없는 사람을 기억해주지 않는다. 하이데거가 철학사에 자신의 이름을 등재할 수 있었던 결정적 근거는 과거의 사유와 언어를 자신의 눈과 손으로 직접 재단할 수 있었기 때문이다. 어떠한 언어를 통해 그는 기존의 형이상학으로부터 자신의 목소리를 낼 수 있었던 것일까? 지금까지의 논의를 다시 한 번 정리해 보자.

하이데거는 존재의 진리에 대해 묻는다. 그것은 존재자의 존재, 곧 의미에 대한 물음이기도 하다. 이 물음은 전통 형이상학의 문제의식과는 차원이 다르다. 더 정확히 말하면, 하이데거의 눈에 비친 전통 형이상학은 존재에 대한 근원적 물음을 스스로 포기해 버렸다. 우리는 앞서 그 이유를 인식론의 한계에서 찾았다. 존재의 진리와 그 전체의 모습은 인간의 제한된 인식을 통해 결코 해명될 수 없는 성질의 것이다. 누군가가 말할 수 없는 사실을 말하려고 시도할 땐, 무리를 할 수밖에 없다. 필연적으로 왜곡이 발생하게 되는 것이다.

하이데거의 돌파구는 인식론에서 존재론으로의 과감한 전환에 있다. 존재의 진리를 언급하려고 시도하는 대신, 그는 개인의 삶의 여정에서 존재의 의미를 발견하려고 시도한다. 그의 주저 『존재와 시간Sein und Zeit』은 실존의 여정을 통해 존재의 의미를 추적하고 있는 것이다. 우리는 자유와 관련된 일반적 심리현상에서 하이데거의 실존론적 분석을 반추해 볼 수 있을지도 모른다. 일찍이 러시아의 문호 도스토옙스키가 『카라마조프의 형제들』에서 언급했듯이, 자유라는 선물을 짊어질 수 없는 나약한 인간의 운명은 그로부터 도피하는 데 익숙해 있다. 프롬Erich Fromm도 자유로부터 도피할 수밖에 없는 인간의 사회심리학적 메커니즘을 '권위주의에로의 회귀'라는 개념으로 폭로한 바 있다. 이제 막 성인이 된 불안한 개인이 자유를 만끽하기보다는 체계에 귀속됨을 통해 자신의 짐을 벗어버리려는 경향이 자유로부터 도피하는 심리적 전형인 것이다. 누군가가 완전히 독립된 개체로서 자신의 정체성을 찾으려는 길에서 좌초하게 될 때, 자유로부터 도피하는 것만이 그에게 남은 유일한 해결책이 될 수 있다. 존재의 진리도 이와 같지 않을까?

하이데거는 존재의 진리로부터 도피한 형이상학이 어떠한 운명을 맞이하게 되었는지에 대해서는 비교적 상세하게 묘사한다. 존재의 학으로서 형이상학이 초감각적인 것을 인식해내려는 인식론의 한 분과로 전락해 버렸다는 것이다. 동일한 맥락에서 하이데거는 형이상학이 기술한 역사 전체를 평가절하하기도 한다. 형이상학은 눈에 보이지 않는 것을 가시적 영역에서 추적하는 사유의 역설적 역사에 불과했다고 진단한 것이다. 이러한 진단으로부터 출발하여 하이데거는 형이상학의 전통으로부터 벗어나 본격적으로 자신만의 형이상학을 전개시키게 된다.

우리는 지금까지 하이데거와 함께 전통 형이상학이 왜 엄밀한 철학으로 발전하지 못하고 존재의 진리로부터 도피할 수밖에 없었는지를 살펴보았다. 엄밀한 의미에서 하이데거가 바라보는 목적지는 정해진 것이 아니었다. 오히려 그는 진정한 의미에서 형이상학의 가능성을 탐구하려고 한다. 이는 개념화된 인식론의 영역에서 형이상학을 끄집어내어 살아 있는 삶의 영역으로 되돌리려는 시도이기도 하다.

하이데거의 눈에 비친 형이상학의 전통은 이미 첫 단추에서부터 잘못 끼워져 있다. 무한한 가능성으로 남아 있어야 할 삶의 영역을 화석화된 닫힌 개념으로 규정하고 있기 때문이다. 하이데거는 이러한 현상이 존재Sein와 존재자Seiende의 혼동으로 인해 발생했다고 설명하기도 한다. 형이상학의 과제는 존재자의 존재근거를 묻는 일이다. 이 과제를 수행하기 위해서 우리는 존재자와 존재의 본질적 구별을 배제해야 하지만, 다른 한편에서는 양자의 동일화나 어느 한쪽으로의 일방적 환원도 허용해서는 안 된다. 그 이유에 대해 설명해 보자.

3) 존재와 존재자의 구별

서양 철학사에서 존재와 존재자를 명쾌하게 구별하고 있는 철학자는 매우 드물다. 정확히 말하면 이러한 구별 자체가 문제시된 적이 없었다는 표현이 정확할지도 모르겠다. 우리의 이성적 능력은 개념적 분석에 밝으며 그로부터 자연스럽게 존재와 존재자를 구별할 수 있기 때문이다. 존재자는 눈에 보이는 개별자에 해당하고 존재는 이를 초월하는 보편자 혹은 절대자로 해석하면 간단히 해결될 사안이다. 그런데 무엇이 문제란 말인가?

한 글자의 차이에 불과하지만 하이데거에게도 존재와 존재자의 구별이 일관성 있게 정리된 것은 아니다. 그럼에도 불구하고 하이데거는 양자의 구별을 정당화하기 위해 사유의 상당 부분을 할애한다. 전통 철학이 이 부분에서 치명적 약점을 보였다고 판단했기 때문이다. 그런데 여기서 약간의 오해가 발생할 수 있다. 하이데거의 사유가 존재와 존재자를 구별하기 위해 전개되었다는 주장이 그것이다.

우리가 여기서 확실히 점검하고 넘어가야 할 사항은 하이데거식의 구별이란 일반적 의미에서의 분리가 아니라는 점이다. 단순히 분리시키는 것을 목표로 했다면, 전통 형이상학의 탁월한 업적을 추종하는 것보다 더 나은 대안은 없다. 하이데거가 존재와 존재자를 구별하려는 목적은 양자를 분리시키기 위함이 아니라, 양자의 정당한 관계를 모색하려는 데에 있다. 존재와 존재자가 어떠한 존재론적 고리로 연결되어 있는지를 이해하기 위해 하이데거가 실존의 목소리에 철저하게 귀를 기울였다는 사실도 주목할 필요가 있다.

실존의 목소리란 곧 '나'의 목소리이기에 하이데거의 실존 분석은 자신의 독특한 언어로 기술되는 필연적 운명을 보이기도 한다. 더욱이 하이데거가 존재와 존재자를 구별할 수 있는 전용 어구를 찾았다는 기록은 어디에도 없다. 찾을 수도 없지만 굳이 찾을 필요도 없었을 것이다. 하이데거가 애써 한 일은 전통 형이상학이 보여 주었던 치명적 결함을 지적하는 일이었다. 우리가 일상적으로 사용하는 대부분의 언어는 존재자와 관련된 것들이다 보니 전통 형이상학은 존재자의 언어로 존재를 설명하는 데 급급했던 것이다.

하이데거는 형이상학적 사유가 출발해야 하는 지점을 확인하는 것으로 전통 형이상학의 약점을 파고든다. 이것은 최소한 세 가지 논점으로 요약될 수 있다. 첫째, 전통 형이상학이 주장했던 것처럼 존재와 존재자는 외적으로 분리된 두 실체가 아니다. 형이상학의 과제는 양자의 내적 연관성을 규명하는 데 있다. 둘째, 인간 실존의 존재론적 위치를 밝히는 작업이다. 실존은 존재와 존재자가 어떤 관련을 맺고 있는지를 풀 수 있는 유일한 열쇠가 된다. 실존 분석은 형이상학적 사유와 존재론적 지평을 공유하고 있다는 것이다. 셋째, 하이데거는 인간 실존의 분석을 통해 존재가 지니고 있는 '열려 있음'을 강조한다. 이를 달리 표현하면, 인간의 실존은 고정된 개념으로 갇힐 수 없는 일종의 열린 지평이라는 사실이다.

언급된 사실을 종합해 보면, 애초부터 존재와 존재자의 경계를 계량적으로 측량하는 일은 불가능한 시도로 보인다. 하지만 이러한 경계선의 '선명하지 않음'이 그 경계선을 아무런 반성 없이 넘나들 수 있다는 의미는 아닐 것이다. 전통 형이상학이 폭력적 권력을 스스로에게 부여하고 존재와 존재자 사이의 경계를 무모하게 파괴하였다는 하이데거의 비판이 여전히 유효한 이유이다.

앞서 언급한 부분을 좀 더 자세히 살펴보자. 형이상학의 전통에서 존재는 본질이나 초월이라는 개념으로 인식되었다. 존재는 눈에 보이는 세계의 개별자, 이른바 존재자들과는 확연히 구별된 것이다. 그런데 본질과 초월을 설명하기 위해 끌어다 놓은 다양한 속성들이 정작 존재자의 특정한 성질들을 묘사하는 언어에 불과하다면 어떨까? 존재를 설명한다고 하면서 실제로 존재에 대해서는 한마디도 못 하고 있는 역설을 우리는 어떻게 받아들여야 할까?

전통 형이상학의 존재에 대한 이해가 불충분하다는 사실은 그리 치명적이지 않을 수도 있다. 사유의 한계를 윤리적 결함으로 간주할 수는 없는 노릇이다. 문제는 다른 데 있다. 존재자의 이러저러한 모양새만을 겨우 이해하면서 존재를 이해하고 있다고 착각하게 되면 존재에 대한 물음은 근본적으로 말살되어 버리는 것이다. 하이데거는 이를 존재의 망각으로 표현한다.

하이데거는 지금까지 철학사에 등장했던 존재에 대한 모든 이야기가 실은 존재자에 대한 부연설명에 불과했다고 지적한다. 형이상학에 오랫동안 몸담았던 철학자들이 들으면

발끈할 일이지만, 하이데거의 눈에 비친 존재의 역사는 고작해야 존재자의 역사에 불과했던 것이다. 존재는 지금까지 단 한 번도 진지하게 다루어진 적이 없는 미지의 세계였다. 형이상학의 역사는 존재자의 대상적 성질을 존재로 착각하며 밀려오는 파도에 힘없이 무너질 모래성을 쌓았을 뿐이다. 결론적으로 하이데거의 눈에 비친 형이상학자들은 오로지 존재자만을 둘러싸고 개념적 유희를 즐겼을 뿐이다.

그럼 하이데거는 존재로부터 무엇을 보고 있는 것일까? 존재와 존재자의 관계가 하이데거 철학의 출발지점이라는 사실은 그의 주저 『존재와 시간』에서도 명백하게 확인된다. 일차적으로 하이데거는 존재와 존재자의 구별이 존재에 대해 물음을 던지는 우리에게 첫 번째로 주어진 과제임을 선언한다.

정리 작업해야 할 물음에서 물어지고 있는 것은 존재이다. 즉 존재자를 존재자로서 규정하고 있는 바로 그것, 존재자—이것이 어떻게 논의되건 상관없이—가 각기 이미 그리로 이해되어 있는 바로 그것이다. 존재자의 존재는 그 자체가 또 하나의 존재자가 아니다. 존재문제의 이해에서 철학의 제일보는 '어떠한 우화도 이야기하지 않는다', '지어낸 이야기를 하지 않는다'는 데에, 다시 말해서 존재자로서의 존재자를 ─마치 존재가 하나의 가능한 존재자의 성격을 가졌기라도 하듯이─ 그것의 유래가 되는 다른 존재자에게로 소급해가지 않는 데에 있다. 물어지고 있는 것으로서의 존재는 따라서 존재자의 발견과는 본질적으로 구별되는 나름의 고유한 제시의 양식을 요구한다 존재와 시간, 20~21쪽.

존재와 존재자의 내재적 구별은 하이데거의 형이상학이 어디에서 시작하고 있는지를 단적으로 보여준다. 형이상학은 존재자가 아닌 존재에 관한 학이다. 물론 양자가 구별된다는 표현은 우리에게 충분한 정보를 제공해 주지 못한다. 존재가 존재자와 다른 고유한 양식을 지니고 있다는 주장은 일종의 선언에 불과하다. '어떻게' 그리고 '왜' 존재는 존재자로부터 구별될 수 있는 것일까? 이 질문을 던지는 것은 독자의 정당한 권리이다. 하이데거가 보고 있는 존재란 대체 무엇일까?

존재는 의미이다. 존재의 의미는 존재자를 통해 드러난다. 이 두 문장을 종합하면 형이상학은 존재자의 존재를 묻는 학이 되며, 존재자의 의미를 묻는 실존의 내면적 목소리이기도 하다. 이러한 이유 때문에 하이데거는 존재에 대한 물음에 답하기 위해 현존재에 대한 실존적이고 해석학적이며 현상학적 분석이 필요하다고 본 것이다. 이는 논리적인 귀결이다. 인간만이 자신의 존재에 대해 물음을 제기하고 그 의미를 되새길 수 있기 때문이다.

존재에 대한 물음은 그 질문을 던지는 실존의 존재 의미를 묻는 것과 정확하게 일치한다. 형이상학적 사유가 그것의 본질을 묻는 실존의 내부로 진입해 가야만 하는 이유가 여기에 있다. 이렇게 놓고 보면, 형이상학은 특정한 대상에 대해 탐구하고 분석하는 여느 사고의 학문과는 본질적으로 다르다. 형이상학적 사유는 밖으로 향하고 있는 것이 아니라 그 사유를 행하는 실존의 내부로 향하고 있다. 이러한 이유로 하이데거는 형이상학의 본질에 대한 물음과 함께 우리가 가장 이해하기 어려운 어두운 심연으로 내려가고 있다고 고백한 바 있다k 204. 거울에 자신의 얼굴을 비춰보며 품

평회를 하기는 쉽지만 자신의 얼굴을 바라보는 눈을 우리는 어떠한 경우에도 바라볼 수 없기 때문이다.

심연의 밑바닥을 확인하려고 마구잡이로 허공에 손을 내 젓게 되면 십중팔구 우리는 눈에 대한 잘못된 이미지만을 취하게 될 것이다. 존재의 의미를 밝히려는 형이상학의 근원적 열정은 우리 삶의 한가운데서 발생하는 실존 그 자체이기 때문이다GM 12. 존재의 의미를 확인하기 위해서 우리는 다른 곳이 아니라 자신의 가장 깊숙한 내면의 세계에 머물러 있어야 한다. 자신의 실존이 보여주는 의식의 다양한 현상과 마주하게 될 때야 비로소 우리는 형이상학의 본질이 무엇인지에 대해 말할 수 있는 권리를 얻게 된다.

우리는 여기서 철학자가 누구인지에 대한 단상도 얻게 된다. 철학적 상상력이란 자신의 의식 현상과 마주할 수 있는 용기를 지닌 자의 실존 현상이다. 물론 이 용기는 단순한 무언가를 얻으려는 의지의 발현만으로는 충분하지가 않다. 항구에 정박된 안전감에서 벗어나 망망대해의 외로움도 견딜 수 있어야 한다. 아무것도 손에 쥐지 못한 채 불안에 떠는 내면에 직면하며 자신을 부르는 목소리를 경청할 수 있는 태도는 호모 필로소피쿠스가 지닌 전형적인 삶의 방식이다.

이로부터 우리는 형이상학을 인간의 실존에서 발생하는 근본사건으로 정의한 하이데거의 언어를 이해할 수 있게 되었다. 이제 우리는 형이상학을 대하는 하이데거의 사유방식에 난색을 표할 이유가 없다. 형이상학은 존재의 의미를 추구한다. 존재는 우연히 왔다 사라지는 이러저러한 존재자가 아니다. 달리 말하면 존재는 대상화될 수 없다. 우리가 의미를 수량적으로 계산할 수 없는 이치와 동일하다.

그럼에도 존재가 존재자를 초월한 불변의 세계를 상징한다고 생각하면 곤란하다. 존재는 이러저러한 속성에 갇힌 존재자의 세계를 열어준다. 무엇이 '있다sein'라는 사실이 일정한 대상적 속성에 고정되어 버린다면, 존재자의 존재는 이미 가능성에서부터 닫혀 버릴 수 있다. 존재의 의미는 곧 존재자의 '있음'이 열려지는 과정에 있다. 여기에 바로 존재가 지니고 있는 초월성이 드러난다. 존재는 분명 존재자의 일정한 속성으로 정의될 수 없지만, 그러한 '규정될 수 없음'이 존재자를 무한한 가능성으로 열어놓을 수 있기 때문이다.

존재란 무엇일까? 이 질문은 엄밀한 의미에서 잘못 던져진 것이다. 존재란 고정된 무엇이 아니라 존재자의 열려 있음을 통해 스스로 자신을 드러낼 뿐이다. 그것이 존재자의 의미를 드러내는 존재론적 지평이다. 하이데거에게 진리는 에피스테메epistēmē를 통해 매개되는 것이 아니다. 존재의 진리는 이러저러한 모습으로 우리에게 인식되는 사물이 아니라, 사물이 이러저러한 모습으로 우리에게 인식될 수 있도록 그 지평을 열어준다. '열려 있음Erschlossenheit' 자체가 곧 진리인 것이다.

4) 존재와 실존

이러한 사태를 본격적으로 인간의 실존에 적용해 보자. 실은 지금까지 존재에 대한 설명은 모두 인간 실존의 존재 물음에서 파생된 것이다. 존재의 진리에 대한 일체의 대상적 언급을 피하는 것이 하이데거를 이해하는 데 훨씬 유리하다. 그럼에도 열려 있음을 존재의 고유함으로 제시한 이유는 존재와 더불어 있는 인간 실존을 분석하기 위함이다. 하이데거를 철학사에 등재시킨 독특한 개념어인 현존재

Dasein ―간혹 터-있음으로 번역되기도 함― 는 인간 실존을 존재의 열려 있음과 결합시킨 형이상학의 결정판이다. 하이데거에게 가장 인간적인 삶은 가장 형이상학적인 삶으로 간주된다.

인간만이 존재와 더불어 실존한다는 주장은 대단히 오만하고 편협하게 들린다. 우린 이미 이런 뉘앙스를 풍기는 인간중심적 사고에 동의해서는 안 되는 시대를 살아가고 있다. 무차별적인 과학기술문명의 시대가 생태계의 질서를 파괴하는 주범으로 지목되고 있기 때문이다. 그렇다고 하이데거의 형이상학이 인간중심주의적 독단에 갇혀 있으며 폭력적 이데올로기에 불과하다고 속단한다면, 이 또한 그의 철학을 이해하려는 올바른 자세가 아니다. 하이데거의 존재에 대한 사유는 실증주의가 불러온 근대적 의미의 휴머니즘을 사실상 넘어서고 있다.

인간의 실존은 여느 존재자와 마찬가지로 자연의 우연한 산물임에는 틀림없다. 약간의 지능적 우월성이 있다고 해서 자신을 중심으로 세계를 회전시킬 권리가 인간에게 주어진 것은 아니다. 하이데거도 이 사실을 잘 알고 있다. 그렇다고 이 같은 사실이 인간이 지니고 있는 자연과 구별되는 독특한 존재방식을 무가치하게 만드는 것은 아니다.

오히려 우리는 자연에서의 인간의 존재론적 지위를 적극적으로 논해야만 한다. 인간은 자신의 삶이 우연적임을 의식하고 자신의 운명과 의식적으로 관계를 맺을 수 있는 자연계의 유일한 존재자이기 때문이다. 자신과 관계를 맺는 행위는 무한한 가능성을 향해 자신을 여는 행위이다. 이를 토대로 하이데거는 인간 실존에게 존재의 탁월한 지위를 부여한 것이다.

혹자는 반대의견을 제시할지도 모른다. 생태계 내에는 인간 이외에도 많은 존재자가 인간과 동일한 자기 관계성을 지니고 있다고 말이다. 하지만 우리가 그 같은 입장을 받아들인다고 해서 사태가 크게 달라질 것 같지는 않다. 하이데거의 논점은 여전히 유효하다. 하이데거의 주장은 인간의 독특한 실존 방식을 이해하려는 것이며, 그로부터 인간적 존재이해에 도달하려는 것뿐이다. 이것은 인간이 아닌 다른 존재자도 인간과 동일한 존재 방식을 취하고 있으며 동일한 방식으로 자신을 이해하고 있다는 사실과 전혀 충돌을 일으

키지 않는다.

　요약해 보면, 인간이라는 존재자는 일개의 존재자에 불과하지만 존재의 사건이 자신의 삶에서 일어난다는 사실을 지각하는 유일한 존재자라는 뜻이다. 이 때문에 하이데거는 존재가 드러난다는 의미에서 인간의 실존에게 현존재(터-있음)라는 자격을 부여한 것이다. 존재와 직접적으로 연결된 현존재의 고유한 특성이 인간 실존에 대한 형이상학적 이해로 연결되는 순간이다.

　하이데거는 존재의 열려 있음을 통해 인간 실존의 어떠한 면을 부각시키려는 것일까? 조금이라도 자신을 돌아볼 수 있는 사람이라면 누구나 쉽게 답변할 수 있는 질문이다. 그러나 역으로 질문이 던져지면 갑자기 사태가 복잡해진다. 하이데거는 현존재의 모습을 통해 존재의 어떠한 측면을 보려는 것일까? 철학이 어려운 이유가 여기에 있다. 하나의 사태를 다양한 각도에서 펼쳐 보일 수 있기 때문이다.

　얼핏 동일하게 보이는 이 두 질문은 독자로 하여금 하이데거의 사유를 전기와 후기로 나누어 고찰하게 만든다. 앞선 질문으로부터 시작할 경우 인간 실존에 대한 해명이 주±

가 되겠지만, 후자의 경우에는 존재에 대한 사유가 인간 실존을 해명하는 결정적 근거가 될 수 있기 때문이다.

물론 어디까지나 독자의 입장에서 그러하다. 하이데거의 입장에서 보면 자신의 삶과 사유가 전기와 후기로 나눠져서 고찰되는 것이 그리 탐탁지 않을 수도 있다. 상식적으로 봐도 후기의 하이데거가 전기의 사유를 철회하고 새로운 형이상학을 전개하는 것 같지는 않다. 사람의 마음은 손바닥 뒤집듯 쉽게 변하는 법이 아니다.

그렇다고 학자들의 의혹의 눈초리가 전적으로 잘못이라는 주장은 아니다. 형이상학의 근거를 다루는 존재에 대한 하이데거의 언어가 다소 유동적이라는 점은 확실하다. 그럼에도 하이데거가 일관되게 견지하고 있는 입장이 없지는 않다. 여기서는 그것을 확인하는 것으로 만족해야만 한다. 형이상학에 대한 하이데거의 문제의식이 그것이다. 존재자를 존재자로서 드러나게 하는 존재의 의미가 망각된 채 형이상학이 철학사를 방황하고 있다는 테제는 하이데거의 형이상학을 이해하는 첫 단추이다.

초기 저작에 속하는 『존재와 시간』에서 보이는 형이상학의 모습은 비교적 선명한 색감을 자랑한다. 여기서 존재는 현존재의 실존방식을 매개로 자신을 드러낸다. 존재가 존재자의 진리로서 어떤 식으로든 은폐되어 있는 것이라면, 그것은 현존재의 시간과 함께 드러난다는 것이다. 좀 더 정확한 언어를 사용해 보자면 '그럴 수밖에 없다'고 하이데거는 확신한다. 기존 형이상학의 모습에서 존재의 세계는 항상 일정한 존재자의 모습을 통해 성급하게 닫히기 일쑤였다. 반면 하이데거는 인간 실존의 본질을 특징짓는 열려짐 속에서 존재의 진리를 파악하기 시작한 것이다. 인간의 실존은 존재의 세계가 자신의 의미를 드러낼 수 있는 유일한 존재자이자 그것을 움직이는 역동적 주체로 파악된다.

우리는 자신과 세계를 다양하게 해석한다. 이러한 다양성은 단순히 관점의 상이함이나 개성의 다양성에 그치지 않는다. '무언가가 있다'는 사실은 우리에게 무엇을 말하는 것일까? 우리의 사유가 존재자의 일반적 속성에서 벗어날 수만 있다면, 그때부터 우리의 실존은 의미의 세계를 향해 상상의 나래를 펼치게 된다. 형이상학의 정점은 상상력의 정점이다. 거기서 우리가 만날 세계는 단순히 '있음'의 세계가 아니다.

예컨대 존재하는 모든 것은 대상적 속성을 벗어날 수 없다. 대상이 지니고 있는 근본적 특징은 그것의 대체 가능성에 있다. 세상에 존재하는 어느 것도 유일무이唯一無二한 것은 없다는 뜻이다. 그런데 자신의 존재근거를 묻는 실존은 이러한 대상성을 넘어선다. 물음과 함께 우리의 실존은 대상화될 수 없는 '누구'의 모습으로 등장하는 것이다. 자신의 존재근거를 묻는 이 '누구'는 대체될 수 있는 부품이 아니다. 오직 그만이 자신의 질문으로 살아갈 수 있기 때문이다. 이때부터 우리는 '단 하나밖에 없음'이라는 고유성의 영역에 발을 내딛게 된다. 자신의 유한한 운명과 의식적으로 관계를 맺으며 실존은 자신의 한계를 극복할 가능성을 여는 것이다.

물론 고유성을 불러오는 상상력의 날개는 아무런 대가 없이 우리에게 주어진 것이 아니다. 하이데거는 그 대가로 우리가 무엇을 지불해야 하는지를 묻는다. 하이데거는 사유의 경계를 확장할 것을 우리에게 요청한다. 단순히 '있음'을 넘어설 수 있는 용기와 의지가 필요함을 역설하기도 한다. 무無의 세계는 존재자의 근거인 존재를 회복하기 위해 우리가 부단히 기억해 내야 할 상상의 세계이다. '상상'이라는 단어는 단순히 허구를 뜻하지 않는다. 무의 세계는 자연의 직접성을 넘어서고 인간이 스스로 자신의 의식 현상과 마주할 수 있는 통로이기에 '있음'의 건너편을 의미하고 있을 뿐이다. 우리가 다룰 『형이상학이란 무엇인가』도 실은 무의 현상을 중심으로 회전하고 있다고 봐도 무방하다. 우리의 해제도 당연히 이 개념에 상당한 지면을 할애할 것이다.

무Nichts라는 개념의 도입으로 하이데거의 형이상학은 처음부터 일반인에게 불편함을 초래하였다. 우리 모두는 눈에 보이는 이미지의 세계를 살아가고 있으며 의미의 문제 역시 이미지의 파생상품에 불과하기 때문이다. 무의 세계는 존재하지 않기에 글자 그대로 존재하지 않는 것이다. 지금까지 무의 세계는 아무것도 아니라는 생각이 우리에겐 익숙해 보인다.

이러한 일상적 경험에도 불구하고 무의 현상이 풍기는 심오한 이미지를 우리가 결코 무시할 수는 없다. 종교적 측면에서 보면, 무의 현상은 종종 인간적 삶의 심연을 가리키는 버팀목으로 사용되곤 했다. 가장 쉬운 예가 불교의 공空 사상에서 등장하는 무의 개념이다. 불교는 고통의 원인을 마음의 집착에서 오는 것으로 보고, 마음의 집착이 소멸되어야 비로소 진리의 도에 이를 수 있다고 강조한다. 무언가를 얻으려는 욕심보다는 비우려는 마음의 자세나 탁함이 아닌 맑음의 미학은 불교가 보여주는 '없음'의 세계이다. 끊임없이 무언가를 채우려는 보존본능에 사로잡힌 자아가 아니라 자신을 내려놓은 무아의 경지는 '있음'보다는 아무래도 무의 현상에 가깝다고 하겠다.

존재하는 것에 반해 무의 현상에 눈길을 돌리는 하이데거의 사유도 불교에서 말하는 해탈의 경지에서 이해하면 무방하지 않을까? 이러한 비교를 전적으로 틀렸다고 말할 수는 없겠지만, 우리의 과제는 무의 현상을 형이상학적 사유에서 추적하고 논증하는 데 있다. 동양의 사유가 직관적 통찰에 의존하고 있다면, 서양의 이성은 분석하고 증명하는 데 탁월한 능력을 보이고 있는 것이다. 우리는 무의 현상을 실존의 한가운데서 발생하는 존재론적 사건으로 이해해야만 한다.

이는 하이데거에게 당연한 논리적 귀결이다. 존재의 진리가 존재자의 대상적 속성을 벗어나는 것이라면, 존재는 일단 '아무것도 아니다'라는 무규정성Unbestimmtheit에서 시작할 수밖에 없기 때문이다. 초기 하이데거는 실존의 전개과정에서 우리가 무의 현상과 마주할 수 있다고 믿었다. 존재는 아무것도 아닌 것으로부터 출발하여 우리의 실존에서 자신의 모습을 드러낸다고 본 것이다. 물론 후기의 하이데거는 무를 설명하기 위해 초기의 성마른 실존적 언어로부터 거리를 두게 된다. 인간의 실존적 본래성이 무의 존재를 드러내는 것일까? 아니면 텅 빈 실존적 공간에 존재의 진리가 스스로 자신을 드러내는 것일까? 하이데거의 형이상학적 사색이 전자에서 후자로 이행되었다는 사실은 어느 정도 사실인 것처럼 보인다.

시간과 함께 겉으로 보이는 이러한 사유의 차이를 학문적으로 논하는 것은 우리의 주제가 아니다. 그러나 철학자의 사유도 시대의 변화에 적응해 간다는 점을 감안한다면, 하이데거의 존재 사유를 둘러싼 미묘한 차이도 이해 못 할 일은 아니다. 시대를 이해하는 일은 관건이다. 하이데거의 시대는 근대의 사유가 해체되는 혼란의 시대였다. 신화의 세계를 넘어 이성적 주체가 승리의 축배를 즐기던 시간도 그리 오래가지 않는다. 인류의 역사를 통틀어 가장 잔인하고 규모가 컸던 두 번의 세계대전과 전체주의 시대를 거치며 동일성을 추구하는 실존적 주체에 어느덧 의심의 눈초리가 가해지기 시작한 것이다. 이 부분은 잠시 살펴볼 가치가 있다.

근대적 사유에서 현대로 이어지는 연결고리들은 많다. 그 가운데 이성적 '주체'의 힘은 당연 시대의 변화를 이끌었던 원동력이었다. 형이상학적 사유도 근대적 주체개념과 운명을 같이한다. 근대 이전까지 형이상학은 실체라는 개념을 중심으로 회전하는 물레방아와도 같았다. 유한한 인간의 실존이 끼어들 여지가 없었던 것이다.

그런데 자신이 자신의 최종 원인이 되는 실체라는 형이상학의 중심은 근대 이후 스스로 자신을 규정할 수 있는 자율적 주체로 과감히 변신한다. 데카르트René Descartes, 라이프니츠Gottfried Wilhelm Leibniz, 칸트Immanuel Kant 등과 같은 쟁쟁한 철학자들의 손을 거치며 이성적 주체는 형이상학적 사유의 최대 주주로 통했다. 여기까지인가 싶을 때, 헤겔Georg Wihelm Friedrich

Hegel의 절대 정신이 등장하여 인간 존엄성을 한껏 드높인다. 니체는 근대의 주체개념 위에 마지막 돌을 올려놓았다. 자연적 한계를 받아들이고 자신의 운명을 사랑하라고 가르치는 초인은 인간의 의지가 어디까지 올라갈 수 있는지를 정확하게 보여준다.

그럼 하이데거의 형이상학은 어떨까? 초기 하이데거의 실존에 대한 사유가 근대의 주체 형이상학과 모종의 연관성을 지니고 있다는 주장은 부인하기 어렵다. 확실히 근대적 의미에서의 주체의 자율적 역할이 부재했다면,『존재와 시간』에서 보이는 실존의 본래성도 더 많은 근거를 필요로 했을 것이다.

하지만 시대는 변하고 사유도 그에 적응하며 변한다. 근대적 의미에서의 고립된 주체가 근본적 한계를 지니고 있다는 의심의 눈초리에 하이데거가 눈과 귀를 막았을 리는 만무하다. 순수하고 자율적인 실존이란 애초부터 존재하지 않으며 세계와 역사에 노출된 복잡한 지평에서 살아가고 있다는 테제는 일종의 보완장치이다.

하지만 여전히 충분치가 않다. 인간의 실존적 힘을 강조하는 일은 인간의 본질을 존재로부터가 아니라, 존재의 진리를 근대적 의미의 주체로부터 해석하고 있다는 비난에서 하이데거는 자유로울 수 없었을 것이다. 인간 실존의 자율성과 독자성이 존재자의 존재를 결정짓는 척도로 간주되고 있다는 비난으로부터 벗어나기 위해 하이데거는 존재와 현존재의 관계를 다시 한 번 정립할 필요가 있었을 것이다. 동일자에서 차이가 강조되고 실존의 내부에서 근원적 무無를 발견하며 존재의 목소리에 귀를 기울이라는 권고는 확실히 하이데거가 변했다는 인상을 주기에 충분하다.

젊은 시절에 인간 실존의 정신적 힘이 존재와의 관계에 있어서 과도하게 강조됐다면, 인생의 후반기에 이른 하이데거는 실존의 본래성에서 나오는 정신의 힘을 존재의 흔적을 통해 재해석하기 시작한다. 존재자가 인간의 사유에 의해 있는 그대로의 모습으로 드러나기 위해서도 존재의 빛이 절대적으로 필요하다는 것이다. 인간의 실존이 존재가 자신의 진리를 드러내는 데 방해자가 되지 않으려면, 자신의 '있음'이 존재의 자리지기Platzhalter로서 제 역할을 할 수 있도록 최선을 다해야 한다는 것이다H 19.

5) 요약하기

우리는 지금까지 하이데거와 형이상학의 관계를 간단히 살펴보았다. 흔히 하이데거의 형이상학은 전통 형이상학의 극복으로 요약된다. 다소 역설적 표현이지만 우리의 실존이 자신을 한계를 극복하면서 스스로를 정립해 가듯, 하이데거에게 형이상학적 사유는 무에서 유가 만들어지는 과정이다. 하이데거는 과거로부터 무엇을 극복한 것일까? 그리고 새로운 형이상학은 어떤 내용으로 채워져 있는 것일까?

초기 저작인 『존재와 시간』은 이 질문에 비교적 명쾌한 답변을 내 놓는다. 하이데거는 존재를 '나'라는 존재론적 발생과 깊은 연관 속에서 다룬다. 존재의 세계는 스스로 드러나는 세계이다. 나의 실존도 스스로 드러난다. 기존의 형이상학이 이 드러남을 단순히 존재자의 속성으로 환원시키는 오류를 범했다면, 하이데거는 이 드러남이 곧 존재의 의미임을 명확히 한다.

존재가 의미의 드러남이라면, 그것은 반드시 은폐되어 있음으로부터 발견되어야 한다. 이는 달리 생각할 수 없는 논리적 수순이다. 감춰져 있지 않은 것은 결코 드러날 수 없기 때문이다. 하이데거는 감춰져 있음으로부터의 발견이 바로 나의 실존적 이해와 존재론적으로 정확하게 맞닿아 있다고 본다. 존재는 발견되는 것이자 이해되는 것이다. 전통적 진리 이론이 존재가 발견되는 장소로 이성을 지목했다면, 하이데거는 그보다 더 근원적인 영역으로 내려간다. 하이데거가 도착한 최후의 근원은 바로 개별적 삶, 즉 현존재이다.

형이상학을 대하는 하이데거의 언어가 시간의 흐름과 함께 변한 것은 사실이다. 하이데거는 현존재라는 개념에서 배어 나오는 이성적 주체의 편협함에서 조금은 부담스러움을 느꼈을 것이다. 특히 '무無'라는 개념이 등장하고 난 뒤부터 그는 존재와 존재자 사이의 공간에 초월성을 되돌려 주려고 시도한다. 존재는 인간에 의해 구성되는 것이 아니며, 인간 실존은 존재의 드러남에도 전혀 관여할 수 없다고 못 박은 것이다. 본질적인 것은 인간이 아니라, 존재라는 주장과 함께 하이데거는 애써 존재의 우선성을 강조한다H 22. 상호 양립하기 어려워 보이는 이러한 사유의 분열은 어떻게 매개될 수 있을까? 과연 하이데거는 자신이 출발한 지점을 부정하지 않고 이후에도 사유의 일관성을 유지하고 있는 것일까?

하이데거는 자신의 사유 과정에 모종의 변화가 있다는 사실을 고백하거나 갑작스런 방향 전환을 시도하지 않았다. 어쩌면 이러한 변화는 그에게 자연스럽게 느껴졌는지도 모를 일이다. 형이상학의 어설픈 역사까지 존재의 자체 기록으로 해석하는 하이데거에게 있어서 자신의 철학적 사유 여정은 곧 존재가 자신을 드러내는 과정이기 때문이다. 그에게는 고백과 교정의 이유가 굳이 필요치 않았던 것이다.

물론 하이데거를 이해하려는 우리에게는 그의 사유 여정을 이해할 수 있는 이론적 재구성이 필요하다. 분열된 사유의 매개체를 찾아야 하며 존재가 드러나는 매 단계들이 명시되어야 한다. 그러나 이러한 학문적 작업은 어디까지나 재구성이라는 사실을 명심해야 할 것이다. 이론적 재구성에 그치지 않고 하이데거라는 한 철학자를 만나려고 한다면, 우리는 그가 바라보고 있는 형이상학의 근거로 내려가야 한다. 이 작업은 우리 자신의 내부로 들어가 그 존재 근거를 파헤치는 과정이기도 하다. 그때서야 비로소 우리는 사유의 모순뿐만 아니라, 한 인간이 보여주는 삶의 많은 변화를 존재의 영역에서 이해할 수 있는 길을 얻게 될 것이다.

우리가 여기서 다룰 『형이상학이란 무엇인가』는 하이데 거의 분열된 사고를 매개하고 재구성할 수 있는 이론적 징검다리 역할을 할 수 있다. 시기적으로도 이 저서는 전기와 후기 중간 정도에 놓여 있다. 큰 틀에서 이 저서는 형이상학의 과제로서 존재의 드러남을 주된 분석의 대상으로 삼고 있다. 그럼에도 여전히 하이데거는 인간이라는 존재자 없이 존재의 드러남은 불가능하다는 확신을 손에서 놓지 않는다.

하이데거에게 있어서 삶이란 곧 철학이며, 철학은 근본적으로 형이상학을 탄생시킨다. 아울러 우리의 삶은 형이상학의 극복 과정이기도 하다. 그 이유는 우리의 삶이란 자신으로부터 벗어나서 다시 자신으로 돌아가는 부단한 순환운동 속에 놓여 있기 때문이다. 따라서 형이상학의 극복이란 단순히 폐기가 아니라, 그것의 근거인 삶으로 되돌아가려는 시도이다. 이러한 정황들은 『존재와 시간』에서 명확하게 명시되지 않았던 존재에 대한 형이상학적 사유가 이 저서에 이르러 본격화되고 있다는 사실을 암시한다. 이 해설서는 정확하게 이러한 맥락을 해명하기 위해 쓰인 것이다.

2. 『형이상학이란 무엇인가』는 어떻게 탄생하였을까?

『형이상학이란 무엇인가』는 하이데거가 1929년 7월 24일에 프라이부르크 대학에서 교수 취임을 기념하며 행했던 강연 원고이다. 제목만 놓고 본다면, 사물의 본질이나 존재의 근본 원리를 사유思惟하는 형이상학이 주된 논점인 것처럼 보인다. 특별할 것이 없는 철학사의 한 단면을 하이데거가 자신의 언어로 강연하고 있는 것이다.

그런데 제목에서 풍기는 이러한 일반적 이미지만을 기대하며 작품의 내면으로 들어간다면, 우리는 첫 문장에서부터 당황하지 않을 수 없게 된다. 저서의 내용이 기대치에 미치지 못하기 때문이 아니다. 그랬다면 오히려 우리는 손쉽게 서평을 작성할 수 있을 것이다. 문제는 예상을 뛰어넘는 하이데거의 언어사용에 있다. 지금까지 그의 철학은 형이상학의 전통에 맞서 인간 실존의 존재론적 의미를 회복하는 데있었다. 그런데 갑자기 등장한 형이상학의 옹호를 우리는 어떻게 이해해야 하는 것일까?

이러한 생경生梗함은 미로처럼 얽혀 있는 하이데거의 사유에 입문하기 위해 망설이고 있는 독자에게만 해당되는 것이 아니다. 하이데거의 주저 『존재와 시간』의 언어에 친숙한 학자에게도 당황스럽기는 마찬가지이다. 하이데거는 무슨 생각으로 이 중요한 시점에 형이상학이라는 낡은 카드를 꺼내든 것일까?

문제를 해결하기 위해 우리는 일반적인 패러다임에서 과감히 벗어날 필요가 있다. 이 생경함의 근원이 하이데거의 사유가 아니라 우리의 진부한 시각일 수도 있기 때문이다. 애초부터 형이상학은 하이데거의 주된 철학적 관심사였을 수도 있는 것이다. 결국 하이데거의 본래 모습이 우리가 다루고자 하는 이 저서를 통해 본격적으로 전개되고 있는지도 모를 일이다. 우리의 추측에 약간의 정당성을 부여하는 일은 여분의 작업이 아니다. 왜냐하면 시기적으로 이 저서는 하이데거의 사유에 있어서 일종의 분기점과도 같기 때문이다. 두 가지 관점에서 그러하다.

형이상학에 대한 강연은 하이데거에게 개인적으로 남다

른 의미가 있었다. 대학시절 신학과 철학을 배웠던 모교에 교수로서 취임하는 자리이기도 했거니와, 무엇보다도 그 자리는 그의 정신적 스승이자 현상학의 창시자였던 후설의 후임자로 지명되는 공식 대관식이었기 때문이다. 잠시 하이데거의 이력을 살펴보자.

1919년 30세의 나이로 하이데거는 후설Edmund Husserl의 학문적 조력자가 되어 현상학을 배운다. '사태 그 자체로Zu den Sachen selbst'라는 모토로 시작된 현상학의 위대한 도전에 감명을 받아, 하이데거는 자신의 철학적 숙원이었던 '존재'의 문제를 해결할 수 있는 실마리를 얻는다. 존재를 존재자의 특정한 속성을 통해서가 아니라, 있는 그대로의 모습으로 파악할 수 있다고 믿게 된 것이다.

그 후 하이데거는 마르부르크 대학의 조교수로 외유를 떠나게 되지만, 1928년 39세의 나이로 마침내 모교 프라이부르크 대학의 교수로 부름을 받는다. 자신의 철학적 사유가 시작되었고 성숙될 수 있도록 근거를 놓아준 학문적 고향으로의 금의환향은 마치 숱한 모험과 역경을 거치며 고향 이타카로 돌아온 오디세이의 심정을 방불케 하였을 것이다.

그만큼 하이데거는 20페이지를 채 넘지 않는 이 자그마한 논고에 그간 쌓아올린 자신의 철학적 열정을 축약해 보려고 시도하였다. 그의 열정은 강연 직후인 1929년 겨울학기에 개설된 「형이상학의 근본개념들. 세계-유한성-고독」이라는 제목의 강의에도 고스란히 반영된다.

애초부터 형이상학이 하이데거 철학의 중심부였다는 추측은 학문 내적으로도 충분히 설명 가능하다. 『형이상학이란 무엇인가』는 하이데거에게 있어서 자신만의 철학을 선포하는 학문적 승부수를 의미한다고 볼 수 있다. 이 표현은 하이데거에 익숙한 독자들에게 다소 의아하게 들릴 수도 있을 것이다. 왜냐하면 하이데거는 이미 1927년 『존재와 시간』을 통해 이름 있는 철학자의 반열에 올랐고, 이때의 주제는 단연코 인간의 실존 분석이 주를 이루었기 때문이다.

여기서 인간 실존의 유한성을 뛰어넘는 형이상학이 개입할 여지는 거의 없다고 볼 수 있다. 그런데 왜 갑자기 형이상학인가? 형이상학이 하이데거가 자신의 철학을 위해 던진 승부수라는 표현은 조금은 과장된 것은 아닐까? 물론 그럴 수도 있다. 그럼에도 우리는 여전히 『존재와 시간』이 형이상학으로 넘어가기 위한 징검다리에 불과하다는 테제를 거둬들일 수가 없다.

이러한 지적은 『존재와 시간』이 충분히 독창적이지 않다는 의미가 아니다. 철학사적 측면을 부각시켜 보면 이 저서의 독창성은 더욱 선명해진다. 『존재와 시간』은 후설의 현상학 속에 담긴 인식론의 색조를 지워버린 후 인간 실존을 중심으로 회전하는 존재론을 덧씌운 것이다. 철학사는 이 차이를 인식론에서 존재론으로의 전환이라고 부른다.

우리는 『존재와 시간』에 드리운 후설 현상학의 두터운 발자취를 무시하려는 의도를 지닌 것은 아니다. 『존재와 시간』의 첫 페이지가 후설을 위한 헌사로 장식되어 있다는 사실만으로도 우리는 하이데거에게 미친 후설의 영향력을 짐작할 수 있다. 이를 단순히 의례적 관행이라고 볼 이유는 어디에도 없다. 하이데거가 자신에게 미친 후설 현상학의 학문적 영향력을 스스로 고백하는 것이라고 보는 편이 훨씬 설득력이 있다.

하이데거는 후설의 『논리연구』를 읽고 강의하면서 존재에 대한 물음으로부터 시작된 자신의 철학적 여정이 안식처를 찾을지도 모른다는 희망에 부풀었을 것이다. 현상학과 함께 하이데거는 전통 형이상학과 결연한 결별을 기정사실화한 것이다. 그러나 하이데거를 후설 현상학의 충실한 계승자로 보기에는 무리가 따른다. 성향부터 그들은 서로 맞지 않았다. 후설이 형이상학의 전통을 다른 방식으로 재구성하려는 의도를 지니고 있었던 반면, 하이데거는 형이상학의 뿌리부터 의문시한 것으로 보인다. 『존재와 시간』이 세간의 주목을 끈 이후에, 그 여세를 몰아 하이데거는 자신만의 철학적 색채를 드러내는 데 박차를 가한다. 그 징검다리 역할을 한 저서가 바로 우리가 다룰 『형이상학이란 무엇인가』이었던 것이다.

하이데거가 처음부터 후설 현상학과의 차이를 심각하게 의식했던 것은 아니었던 것 같다. 이 문제는 학문 내적인 측면보다는 미세한 권력이 작동하는 인간관계에 비춰서 추측할 수밖에 없다. 후설과 하이데거의 관계는 애초부터 서로를 학문적 동반자로 여기고 마음을 나눌 수 있는 정도의 수평적 관계가 아니었다. 객관적 상황이 이를 증명해 주고 있다.

후설이 이미 학문적 성과를 인정받은 대가로 통하고 있었던 시절, 하이데거는 여전히 다져지지 않은 지반 위에서 자신의 사유를 실험해야 하는 무명의 철학자에 불과하였다. 학문적 도제徒弟라는 문화적 유산을 뿌리 깊게 간직하고 있는 독일의 지적 풍토에서 후설의 현상학은 하이데거에게 보호막을 제공하고 성공을 보장하는 거대한 우산과도 같았을 것이다. 하지만 세상에는 공짜란 없는 법이다. 하이데거가 그 대가로 무엇을 치러야만 했는지는 비교적 쉽게 추측가능하다. 하이데거는 아마도 존재에 대한 철학적 상상력을 현상학적 인식론에 가둬둘 수밖에 없었을 것이다. 이 관계는 최소한 후설이 하이데거를 자신의 후임자로 지명하기까지 지속되지 않았을까?

급조急造되었지만 역작으로 유명세를 타버린 『존재와 시간』이 적어도 후설의 현상학과 같은 방향을 바라보고 있다고 하이데거는 확신했던 듯하다. 그러한 믿음이 아마도 하이데거로 하여금 자신의 저서를 주저 없이 후설에게 헌정하게 했는지도 모른다. 그러나 이러한 생각은 글자 그대로 단순히 하이데거만의 주관적 판단에 불과하였다. 애초부터 하이데거가 보았던 존재의 모습은 후설의 인식론적 현상학에 자신을 묶어 두는 것을 허락지 않았던 것이다. 하이데거는 자신의 언어를 드러내는 데 늘 조심스러웠겠지만, 정작 후설은 『존재와 시간』이 자신의 현상학을 계승하고 발전시키기에는 삶의 정열에 너무나 강렬하게 노출되어 있다는 사실을 직감적으로 알아차렸다. 그러나 그때는 이미 하이데거가 자신의 후임자로 결정된 뒤였을 것이다.

『존재와 시간』의 내용을 둘러싼 이러한 온도차는 후설에게도 하이데거에게도 치유될 수 없는 내상으로 남게 된다. 일찍이 라이프니츠는 자신 속에 모든 시각을 가지고 있기에 근본적으로 겹쳐질 수 없는 개체, 이른바 모나드monad를 주장한 바 있다. 그의 이론을 우리가 받아들인다면, 그 대표적인 예는 바로 철학자의 삶이 보여주는 단면이다. 창이 없는 모나드처럼 후설과 하이데거는 서로 교차될 수 없는 평행선을 달릴 것이라는 사실을 인정하게 되었을 것이다.

이러한 상상력의 차이를 서로 인정한다면, 그리 문제가 발생할 것 같지는 않다. 일반적으로는 그러하다. 그러나 전통적 위계질서에 따라 스승과 제자의 관계로부터 출발한 후설은 하이데거의 학문적 외도가 모종의 배신감으로 다가오지 않았을까. 하이데거도 역시 후설의 차가운 시선이 몹시도 섭섭했을 것이다. 애초부터 출발점이 달랐던 두 시대의 거장이 이제 불편한 동거를 끝내고 서로의 마음을 확인한다. 이때부터 철학사는 상이한 두 필기구에 의해 다른 방향으로 뻗어나갈 준비를 마친 셈이다.

『존재와 시간』이 후설의 동감을 얻어내지 못하고 지적 고향을 잃어버린 채 방랑하는 동안, 하이데거는 인식론적 현상학의 그림자로부터 벗어나 본격적으로 자신의 철학적 출발점에 천착하게 된다. 그 시발점이 여기서 우리가 다룰 『형이상학이란 무엇인가』이다. 일반적으로 한번 정해진 사람의 마음은 잘 변하지 않는 법이다. 사유로 단련된 철학자의 길은 두말할 나위도 없을 것이다.

알려진 바에 따르면 하이데거는 18세의 나이에 브렌타노의 학위논문 『아리스토텔레스에 따른 존재자의 다양한 의미에 관하여』를 읽고 본격적으로 형이상학에 입문하게 되었다고 한다. 정확하게 말하자면 이때부터 존재의 문제에 눈을 뜨게 된 것이다. 하이데거의 문제의식은 명확하다. 존재를 존재 자체로서 다루지 않고 '있는 것에서 한 부분을 떼어 이것에 딸린 다양한 속성들을 살펴보는 일'아리스토텔레스, 형이상학, Γ, 1003a에 만족한다면, 존재는 더 이상 인간의 사유 속으로 진입해 갈 수 없다는 것이다. 이때부터 하이데거는 자신이 철학사를 위해 어떠한 기여를 할 수 있을지를 두고 고민했을 것이다. 그가 던진 질문은 아마도 다음처럼 요약될 수 있을 것이다.

'존재를 표현하기 위해 다양한 경험적 속성들이 동원된다면, 어떻게 존재는 자신의 전체 모습을 드러낼 수 있을까? 존재란 대체 무엇인가?'

존재의 진리에 대한 향수는 전기에서 후기로 이어지는 사유의 변화와 굴곡 속에서도 변함없이 하이데거의 마음을 사로잡았던 시대의 열망이었다. 존재의 형이상학은 하이데거 철학의 출발점이자 종착역이었던 것이다. 『존재와 시간』이 후설 현상학의 방법론을 토대 삼아 존재가 스스로 드러나는 장소로 인간의 유한한 실존을 지목하고 있다는 사실은 분명하다. 실존의 분석이 주된 내용으로 등장한 것이다. 하지만 하이데거 철학의 전체 이력에서 보면 또 다른 관점이 가능하다. 실존의 분석은 하이데거의 철학이 출발하는 지점이 아니라, 자신으로 되돌아가기 위한 모종의 사유-실험이라고 볼 수 있다. 출발지점은 어디까지나 존재의 진리에 대한 물음이었으며, 도착지점은 존재가 어디서 어떻게 드러나는지를 확인하는 일이었다.

이 맥락에서 보면 '존재의 드러남'이라는 현상학적 지평을 넘어서, 존재 자체에 대해 묻는 형이상학으로의 과감한 선회가 그리 놀라운 일은 아닌 것 같다. 오히려 하이데거는 자신의 철학적 과제가 무엇인지를 명확히 하고 그에 전념할 것을 다짐한다고 볼 수 있다. 하이데거는 인간의 본질을 존재의 진리에 대해 물음을 던질 수 있는 형이상학적 존재로 규정한다. 단순히 드러나는 것에 국한되지 않고, 자신을 자신으로 드러내는 존재의 전체에 대해 직접적인 물음을 던질 수 있는 유일한 존재가 바로 인간이라는 것이다.

이로부터 우리가 『존재와 시간』에서 등장하는 실존의 모양새를 무가치하다거나 평가절하하는 것은 절대 아니다. 오히려 자신과 관계를 맺음으로 살아가는 실존의 존재방식이 더욱 깊이를 더해가기 시작한다. 실존에서 존재로 무게중심이 이동한 것은 사실이지만, 이는 단순히 사고의 변화에서 오는 양적 변화가 아니다. 오히려 하이데거는 존재 자체에 대한 물음을 통해 실존의 영역을 급격히 확대한다. 그 매개체가 바로 무Nichts의 개념이다.

『형이상학이란 무엇인가』는 무의 현상을 존재의 진리를 사유하는 중심부로 옮겨 놓는다. 이러한 시도는 확실히 획기적인 것이다. 서양 철학사의 여정에 비춰봤을 때, 존재와 무를 결합시키려는 시도는 일종의 스캔들이다. 고대 그리스 철학자 파르메니데스Parmenides는 인간적 사유의 기준을 '있음'의 영역에 한정한 인물로 유명하다. 그는 오직 '있는 것'만을 우리가 인식할 수 있으며, '없는 것'은 글자 그대로 사유의 대상이 될 수 없음을 강조한다. '있는 것' 과 '없는 것'은 인식 가능성과 불가능성을 판단하는 기준이라는 것이다.

파르메니데스의 인식 기준은 이후 서구의 지성사에 지대한 영향을 미친다. 존재에 대한 사유는 사태를 있는 그대로 이해하려는 노력으로 국한되면서 무의 현상은 존재의 결여

정도로 취급하게 된다. 철학적 사유의 목적은 있는 것을 있는 그대로의 모습으로 파악하는 것이며, 그런 의미에서 존재란 철저하게 동일자同一者의 존재로 이해된다.

『형이상학이란 무엇인가』는 '있는 것'에 집착하는 인식론의 전통에 반기를 든다. 순수하게 논리적 관점에서만 보면, 파르메니데스의 주장은 반박될 여지가 없다. 그러나 인간의 삶은 논리적 원칙으로만 진행되는 것은 아니다. 하이데거는 형이상학이 있는 것만을 고집하는 동안, 반쪽짜리 진리에 머무를 수밖에 없다는 점을 정확하게 통찰한다. 존재를 드러내는 우리의 삶의 모습은 무의 현상을 단순히 존재의 결핍이나 결여가 아니라 '있는 것'이 드러나는 창조의 원천임을 분명히 알려준다는 것이다. 이러한 이유로 하이데거는 합리론의 대가였던 라이프니츠가 일찍이 『자연과 은총의 원리』속에서 우연히 던졌던 물음을 형이상학의 핵심으로 부활시킨다.

'도대체 왜 존재자는 있으며, 무는 없는 것인가?'

존재에 대한 사유가 우리에게 안겨주는 선물은 우리가 존재한다는 확신에 있다. 이 확신은 단순히 '있는 것'에만 집착할 때, 우리의 시야로 들어오지 않는다. 가장 소중한 존재의 근거를 얻기 위해서 우리는 논리적 사유도 과감히 뛰어넘어야 한다. 우리의 실존에서 발생하는 무의 현상이 오랫동안 발견되지 못하고 편협한 사고에 사장된 이유를 하이데거는 전통적 사유가 집착했던 형식 논리학적 범주에서 찾는다.

유구한 철학의 역사에서 존재가 아닌 존재자에, 무無가 아닌 유有에 항상 방점이 찍힌 이유도 논리적 사유의 독재에 있다. 짧은 강연에 불구하지만 여러 차례 반복하여 인용되는 위 질문을 통해 하이데거는 진정한 형이상학적 질문이 무엇인지를 강조한다. 그것은 무에 대한 적극적인 사유이다.

우리는 이미 『존재와 시간』을 통해 하이데거가 무의 체험을 실존적 사유의 중심에 두었다는 사실을 어렴풋이 알고 있다. 불안과 죽음의 의미에 대한 분석이 그것이다. 자신의 삶이 유한하다는 사실을 깨달은 자는, 달리 말하면 자신의 죽음을 미리 취할 수 있는 자는 존재의 사유에 이미 들어 있다. 형이상학이 추구하는 존재자의 존재는 우리의 의식에 반하는 대상이 아니다. 주관과 객체의 분리는 논리적 학문의 주된 분석방법일지 모르지만, 존재에 대한 사유는 이렇게 인위적으로 구성된 것이 아니다.

존재자의 존재는 우리의 학문적 인식을 뛰어넘어 우리를 엄습하는 존재론적 사건이다. 하이데거는 이러한 초월적 사건을 우리의 실존 한가운데서 발생하는 기분을 통해 묘사한다. 예컨대 우리가 자신의 죽음을 앞두고 자신의 전부를 던져 만들어내는 의미와도 같은 것이다. 존재가 있는 그대로의 모습으로 드러내기 위해 무의 현상을 직접적으로 체험하는 일은 『존재와 시간』을 관통하는 핵심주제였던 것이다.

그럼에도 『형이상학이란 무엇인가』는 『존재와 시간』의 단순한 부록으로 간주될 수는 없다. 왜냐하면 이 저서에 이르러서야 비로소 무의 체험이 단일한 형이상학적 주제로 사유되고 있기 때문이다. 유有의 매개 개념이라는 지위에서 벗어나, 이제 무의 체험은 존재를 사유하는 근원 자체로 파악된다. 『존재와 시간』이 인간의 실존을 존재론적으로 분석함으로써 존재가 어떻게 자신의 모습을 드러내는지를 보이려

했다면, 이제 하이데거는 그 존재가 드러나는 나의 실존과 자유의 조건이 바로 무의 체험임을 직접적으로 강조하고 있다고 하겠다.

제2부
『형이상학이란 무엇인가』 해제

1. 서론 – 형이상학의 근거로 내려가기

1945년 『형이상학이란 무엇인가』의 5판이 출판될 때 첨부된 서론에는 '형이상학의 근거로 내려가기'라는 부제가 있다. 1929년 출판된 본문에 서론을 첨부한 이유는 자신에 대한 세간의 오해와 비판을 바로잡으려는 의지가 강렬했던 탓이다. 덧붙여 하이데거는 형이상학의 본질을 묻는 작업이 왜 여전히 필요한지를 역설한다.

왜 여전히 형이상학일까? 철학이 모든 학문의 근원이라면, 형이상학은 그 근원에서도 뿌리에 해당한다. 이러한 일반적인 사실은 전통 형이상학이나 그것의 한계를 지적하는 하이데거에게나 공통분모로 간주될 수 있다. 탐스럽고 맛있는 과일이 맺힌 나무는 분명 깊고 튼튼한 뿌리를 지니고 있음이 틀림없다. 유독 꽃과 열매가 적게 맺혔다면, 그해에 나무의 뿌리에 공급되는 자양분이 부족했거나 나무가 정상적인 생태 활동을 하지 못했을 개연성이 크다.

제대로 된 철학적 사유를 원한다면, 우리는 형이상학자가 되어야 한다. 인간적 삶을 원한다면, 형이상학에 대한 강조는 아무리 해도 지나치지 않는다. 이러한 입장에 하이데거는 어떠한 경우에도 반대표를 던지지 않는다. 오히려 정반대이다. 하이데거의 표현에 따르면, 철학적 상상력이 행했던 존재에 대한 모든 사유는 곧 형이상학이었다. 형이상학의 흔적을 뼛속까지 증오했던 니체조차도 하이데거의 눈에는 형이상학의 전통을 지탱하는 최후의 보루일 뿐이었다 Nietzsche II, 192.

한편 형이상학의 중요성을 강조하고 전통적 입장을 재확인하기 위해 하이데거가 이 서론을 첨부한 것은 아니다. 형이상학이 학문의 뿌리에 해당한다는 표현도 하이데거에게는 보다 면밀한 검토가 필요해 보인다. 가장 엄밀한 의미에서 뿌리가 근원인 것은 아니기 때문이다. 뿌리는 독자적으로 자양분을 공급할 수는 없는 법이다. 자양분의 원천은 그 뿌리가 묻혀 있는 토양인 것이다. 별로 중요치 않아 보이는 이러한 차이를 무시하게 되면서, 형이상학의 역사는 자신의 과제를 이해하지도 그것을 수행할 능력도 얻지 못하게 된다. 존재가 망각된 것이다. 하이데거의 문제의식은 여기에서부터 출발한다.

1) 형이상학의 탄생

철학적 상상력은 오랜 세월에 걸쳐 다양한 방식으로 형이상학의 발자취를 기록하고 있다. 철학사에 등장하는 대부분의 철학자들은 곧 형이상학자이다. 그들의 기록은 자연으로부터 인간이 어떻게 분리되었는지를 관찰하고 그 과정을 사유한 것과 거의 일치한다. 동물은 자연과 더불어 살고 다시 자연으로 돌아간다. 동물의 삶이란 곧 자연이며, 자연이 곧 그들의 본능이 된다.

인간도 역시 자연의 한 조각임에는 틀림없다. 우리 모두는 자연에서 태어나서 다시 자연으로 돌아간다. 생의 순환이 자연을 벗어날 수 없는 것은 변할 수 없는 사실이다. 하지만 인간적 삶이 진행되는 과정은 자연적 본능과 일치하지는 않는다. 인간은 본능으로 사는 것이 아니라, 그 본능과 관계를 맺으며 살아간다는 뜻이다. 동물은 배고픔을 직접적으로 충족시키기 위해 움직이지만, 인간은 그 방식을 고민한다. 사람은 무엇으로 사는 것일까? 톨스토이가 던졌던 유명한 질문이다. 삶이 단순히 본능을 해소하는 것이 목적이라면, 이 질문은 의미가 없을 것이다. 인간의 삶은 본능의 직접적 해소를 목표로 하지 않고, 과정상의 '좋음'을 함께 숙고한다. 인간적 삶을 단순히 본능의 충족이 아니라 '실현'이라는 개념에 귀속시키는 이유가 여기에 있다. 인간은 자연과 관계를 맺으며 살아가는 생태계의 유일한 존재자인 것이다. 이 관계로부터 인간적 자유의 근거가 자라난다.

자연적 본성과 관계를 맺고 자신의 삶을 바라보며 좋음과 나쁨, 선과 악을 부여하는 능력은 인간이 지니고 있는 정신의 힘으로부터 온다. 철학사는 오래전부터 이 능력을 이성의 힘이라고 부르고 있다. 물론 이성은 양날의 검과 같다.

이성을 통해 인간은 자연적 본능을 넘어 인간됨의 본질을 보여주기도 하지만, 다른 편에선 그를 잔인한 권력의 폭군으로 변신시키기도 한다. 그럼에도 이성이 인간을 형이상학적 존재로 탈바꿈시키는 근원인 점에는 변함이 없다.

이성은 곧 자연적 본능을 넘어 초월의 세계를 인간에게 알려 주었다. 인간과 동물을 가르는 이 차이는 결코 작지 않다. 일반적으로 전통 철학은 초월의 의미를 종종 종교적 영역에서 찾곤 했다. 인간의 유한성을 넘어서는 초월적 존재는 절대자인 신神밖에 없다는 생각이 오랫동안 서구 지성사를 지배한 것이다. 이론적으로 보면, 초월적 존재인 신은 인간의 경계 밖에 있는 외재적 초월이라고 부른다.

그런데 초월은 인간의 한계 내부에서도 발생한다. 외재적 초월이 인위적으로 구성된 것인 반면, 내재적 초월은 비교적 자연스럽게 인간의 의식 내부에서 형성된 듯하다. 자연적 본능에서 벗어나 주변을 둘러볼 수 있을 때, 인간은 세계를 향해 마음이 열리는 법이다. 타자에 대한 배려도 전형적인 내재적 초월이라고 볼 수 있다. 그로 인해 자신 안에서 자신의 변화와 열림을 경험할 수 있기 때문이다.

내재적 초월은 전제조건을 필요로 한다. 자연적 본능을 넘어서기 위해서는 그것을 반성할 수 있는 정신적 여유가 필요하다. 달리 표현하면 초월적 인간이란 본능으로 가득한 자신의 내부에 별도의 공간을 열고 상징적 의미로 채울 수 있는 정신의 힘의 소유자를 일컫는 것이다.

전통 형이상학의 전매 특허였던 초월의 의미를 이렇게 내재적으로 해석하는 일에는 약간의 무리가 따른다. 기존의 방식과 결별하고 초월에 상응하는 정당화 과정이 필요하기 때문이다. 내재적 초월은 이론적 구성이 아니라, 자신의 내부를 들여다볼 수 있어야 하기에 엄밀한 자기 성찰과 반성을 요구한다. 하이데거는 초월을 해석하는 일에서 전통 형이상학과 대립각을 세우는 걸까? 하이데거의 형이상학이 전적으로 내재적 초월을 정당화한다고 주장한다면, 복잡한 문제가 한두 가지가 아니다. 하이데거가 이 질문을 직접 받았다면 어떤 답변을 내놓을 수 있을까? 그의 답변은 긍정도 부정도 아닐 것이다. 사연은 이러하다.

서양 철학의 주된 관심사는 변화무쌍한 자연의 세계에 맞서 보편적이고 영원불멸의 세계를 확인하는 데 있었다. 별

자리를 보며 계절의 변화를 예측하고 자연의 질서를 사유했던 고대인들은 철학자의 전형이다. 당연히 형이상학의 과제도 조화로운 세계를 확인하고 정당화하는 일에 맞춰져 있었다. 이성은 눈에 보이는 변화무쌍한 현상 너머에 불변하고 단일한 세계가 있을 거라는 신념을 세대에 걸쳐 인간 유전자에 깊이 각인시키게 된다.

형이상학이 모든 학문의 기초로 간주되고 그 어떤 응용학문보다 권위를 자랑한 이유가 바로 그것이 추구했던 합리적 질서에 있었다. 형이상학은 바닷가에 무수히 널려 있는 모래알처럼 우연히 여기저기에 놓여 있는 개별적인 것들을 개념으로 묶어서 정의定義할 줄 알았다. 그리고 최상층부에 보편적 개념을 올려놓는 데 탁월한 능력을 발휘한다. 모든 사물의 이면에는 본질이 놓여 있음을 확인하고 그것에게 실체라는 이름을 부여했을 때, 형이상학은 근대에 이르기까지 의심할 여지없는 철학사의 최대 주주였다.

여기까지 따라온 독자는 십중팔구 플라톤의 이데아론을 떠올릴 것이다. 형이상학의 원형은 단연코 그의 사유에서부터 유래한다. 보편성이 학문의 기준으로 통하게 된 근거도 플라톤의 공헌이라고 할 수 있다. 쉬운 예를 통해 플라톤의 이데아를 설명해 보자. 우리는 많은 과일이 둥근 모양새를 지니고 있다고 말한다. 배도 사과도 오렌지도 둥글기는 마찬가지이다. 비록 맛도 색도 크기도 각각 다르지만 둥글다는 점에서 과일은 동일함을 유지할 수 있게 된다. 이렇듯 개별적인 것들을 보편성으로 묶어줄 수 있는 둥글다는 실체가 바로 이데아이다. 신맛이 나는 과일은 무수히 많이 있지만 신맛 자체가 없다면, 우리가 신맛이 난다고 말할 수 있는 근거는 상실된다. 이때의 신맛 자체는 개별성을 넘어서는 보편성으로 간주될 수 있다.

이데아론은 존재가 무엇인지를 설명하려는 최초의 형이상학적 시도이다. 아름다운 여인을 보고 느끼는 호감이나 숭고한 행위를 보고 느끼는 감동은 미와 선에 대한 절대적 기준이 없다면 모두 상대적 지각으로 흩어져 버릴 것이다. 아름다움, 선, 숭고함, 미 등은 개별적 속성을 가능케 하는 전형적인 존재의 이데아들이다.

플라톤의 이데아는 외재적 초월에 가깝다. 인간의 인식과 판단 그리고 행동은 분명 이데아의 세계에 참여함으로 인해 존재의 진리에 접근해 간다. 그러나 어디까지나 모사에 불과하다. 존재의 이미지라는 뜻이다. 이는 플라톤도 인정하고 있는 바이다. 이미지를 벗어나기 위해서 우리는 무엇을 할 수 있을까? 실재의 모사가 아니라, 있는 그대로의 사태에 우리는 어떻게 접근할 수 있는 것일까? 이때 우리는 이론적 영역을 벗어나야 한다.

인간의 이성을 이론과 실천으로 구별한다는 것 자체가 우스운 시도이지만, 존재의 학으로서의 형이상학도 이론과 실천적 영역으로 구별될 수 있다. 이론적 영역이 종교와 인식론의 분야로 확대되었다면, 실천적 영역은 윤리와 정치의 다양한 형태에서 흔적을 남기게 된다. 전자가 외재적 초월과 친화성을 보이는 반면, 후자는 인간 행위에 내재된 초월의 의미를 되새긴다. 이제 내재적 초월이 어떻게 발생하는지 살펴보자.

인간은 사회적 동물이다. 아리스토텔레스의 표현이라고 알려져 있지만, 그가 애써 나서지 않았더라도 인류의 생존조건은 이성을 통한 합리적 사회의 구축이 아니었다면 불가능했을 것이다. 겉으로 볼 때, 자연이 인간에게 부여한 환경은 개인의 행복과 불행에 냉혹하리만큼 무관심하다. 무심히 돌아가는 운명의 수레바퀴에서 딱히 정해진 고귀한 형이상학적 규칙이란 있을 수 없다. 유일한 진화의 법칙이 있다면, 그것은 '운'이다. 진화론자들은 진화의 법칙을 가리켜 적자생존의 원리라고 부를지 모르겠지만, 살아남는 것 역시 개체에게는 운에 불과할 뿐이다. 이를 좀 더 극단적으로 해석해 보자.

자연은 누군가에게 혜택을 주어 생의 찬가를 부르게 한다. 반면 누군가는 상처를 입고 허무주의로 시를 짓는다. 자연의 무심한 순환에 고상한 목적이나 의미가 있다고 주장하는 건 생각의 자유에 해당한다. 그러나 자신이 믿는 바를 진리로 선포하고 강요하는 행위는 역사적으로 잔인한 폭군으로 변하기 일쑤였다. 초월을 주장했던 형이상학이 거의 대부분 이데올로기로 전락했다는 사실은 의미심장하다. 우리가 다윈의 적자생존을 받아들이지 않아도, 자연의 냉혹함 속에서 살아남은 자는 기뻐할 것이고 희생된 자는 침묵을 지킬 뿐이라는 사실은 명백해 보인다.

존재를 규명하려는 형이상학의 시도는 신기루에 불과한

것일까? 자연이라는 삭막한 사막에서 갈증을 해소해 줄 오아시스는 과연 없는 것일까? 형이상학이 내재적 초월이라고 부르는 실천의 영역에서 우리는 약간의 실마리를 얻을 수 있다. 하이데거가 실존을 정의할 때 사용했던 자기관계의 개념을 사용하여 보자. 인간이 동물과 다른 점은 자신과 관계를 맺을 수 있는 반성 능력에 있다. 이것이 일종의 능력인지 혹은 자연이 인간이라는 종에게만 부여한 특별한 속성인지는 모르지만, 어쨌든 인간의 이성은 자연의 무관용과 무심함에 단순히 순응하면서 살지는 않는다. 인간의 자연적 방식이란 적응이 아니라 어떤 식으로든 자연과 관계를 맺는 데 있다.

자연과 관계를 맺는 인간적 방식을 우리는 '해석'이라고 부른다. 형이상학의 사유는 이러한 해석의 최고의 형태라고 할 수 있다. 자연의 우연성이 야기한 불안과 관련을 맺으며 형이상학적 사유는 이론적으로 무장을 하기 시작한다. 자연의 질서를 일정한 패러다임에 고정시켜 예측하고 변화시키려는 노력이 대표적 예에 해당한다. 인간의 정신은 주변 세계를 합리적 질서에 따라 진행되는 필연적 사건으로 채색하기 시작한다. 자연적 존재인 인간의 운명은 필연적으로 자연을 뛰어넘어야 하는 운명이었던 것이다.

특히 사회적 삶이라는 실천의 영역에서 자연을 극복하려는 형이상학의 노력은 실로 막대하다. 결정적인 순간마다 인류 역사의 물꼬를 돌려놓았던 자유와 정의 그리고 평등이라는 대의는 인간 사회를 합리적 이념으로 해석하는 형이상학의 고귀한 산물이다. 자연적 동물이 생태계의 먹이사슬에 적응하며 살아간다면, 인간의 자기 보존본능은 상생相生의 영역에서 움직였던 것이다.

2) 왜 다시 형이상학인가?

다윈의 진화론에 영향을 받은 사회 진화론자들은 사회를 합리적으로 해석하는 이성의 힘까지도 자연에 대한 모방으로 간주하곤 한다. 하지만 실천적 의미에서 형이상학적 사유는 자연에 대항하고 눈에 보이는 자연의 질서를 넘어서려는 시도로 봐야 할 것이다. 누군가를 아무런 조건 없이 사랑하는 행위는 생존할 수 있는 경쟁력의 약화를 초래할 수 있으며, 무언가를 약속하는 실존의 행위도 자연의 우연성을 벗어나 무언가를 반드시 일어나도록 만드는 초월의 영역이다. 용서는 시간을 사건 발생 이전으로 되돌리는 초월의 행위이며, 책임은 단순한 반응이 아니라 자신을 버리는 행위이기도 하다.

결국 자연을 넘어서려는 형이상학의 역사는 호모 사피엔스의 역사로 간주될 수 있겠다. 호모 메타피지쿠스Homo metaphysicus는 형이상학의 정신이 인간의 본질임을 가리키는 철학적 통찰이다. 인간은 형이상학적 사유를 통해 자연으로부터 분리되며 형성된 내적 불안을 극복하게 된다.

그러나 형이상학의 노력과 시도가 마냥 성공가도를 달린 것은 아니다. 내적인 평온함은 어디까지나 표면적으로 그러하다. 형이상학적 자기 이해가 인간의 실존에 내재된 불안을 어느 정도 해소시킨 것은 사실이나, 많은 경우 이론적 구성물을 통해 강요한 측면이 없지 않다. 자연의 우연성을 통제하려는 인간의 사유가 불완전한 측면도 있지만, 애당초 형이상학이 자신에게 부여한 임무가 인간이 감당하기에는 너무 버거운 일이 아니었을까?

호기심 어린 눈초리로 하늘을 보며 별자리를 관측하고 우주의 질서를 노래하는 일은 분명 놀라운 자연적 변이이다. 이를 통해 계절의 변화를 예측하고 그에 맞춰 생존방식을 발전시킨 능력은 인간의 삶을 정신적으로도 육체적으로도 여유롭게 만들었다. 오직 인간만이 농사를 짓고 가축을 키우는 적합한 환경을 구축할 수 있었기 때문이다. 그러나 인간은 단순히 먹고사는 일을 해결한다고 해서 살아갈 수 있는 존재가 아니다. 인간이라는 존재자의 존재는 자연의 목적을 추론하고 삶의 의미를 밝히는 작업을 계속 진행한다. 문제는 이 작업이 녹록지 않다는 사실에 있다.

형이상학적 사유가 왜곡의 길을 걷게 되는 시점이 여기에서부터이다. 본연의 과제로부터 도피하여 폭력적으로 자신과 세계를 해석하기 시작한 것이다. 간단한 생활의 예를 통해 도피의 심리적 메커니즘을 살펴보자. 한 조기 축구회의 효율적 유지를 위해 포메이션을 만드는 작업은 자연스러운 일이다. 회원들에게 긴장감을 줄지 모르지만, 각자가 능력에 따라 위치를 정하고 즐기면 그만이다. 상대팀을 제압할 때도 있고 질 때도 있겠지만, 경기의 결과가 회원들의 삶을 무참하게 짓누르지는 않는다.

그런데 국가별 대항전의 포메이션이라면 어떨까? 일단 아무나 포메이션을 짤 수도 없겠지만, 그렇게 해서도 안 될 일이다. 단 한 번의 실수로 전 국민에게 지탄의 대상이 될 수도 있기 때문이다. 그러기에 아무나 국가 대표로 나갈 수는 없는 노릇이다. 조기 축구회 회원에게 국가 대표를 맡긴다면 어떻게 될까? 경기만 망치는 것이 아니라, 본인도 경기의 부담감에 눌려 제대로 된 실력을 발휘할 수 없을 것이다.

형이상학의 과제가 인류의 역사에게 안긴 부담감도 이와 같지 않을까? 그럴 만한 정신적 힘이 부재한 사람에게 존재자의 존재라는 고도의 사유 과제를 부과한다면 역효과를 내는 법이다. 성급히 자연의 목적을 상정하고 거기에 인위적으로 삶의 의미를 끼워 맞추게 되면서 형이상학은 걷잡을 수 없는 폭력적 이데올로기로 변한다. 조기 축구회 선수가 국가대표로 발탁되어 그라운드를 어설프게 누비는 것처럼, 자의적으로 자연과 사회를 재단하는 형이상학은 인간을 더욱 불안에 떨게 할 뿐이다.

형이상학적 사유는 인간의 전형적 특징이다. 더 정확히 표현해 보자. 인간이 이성을 지니고 있는 한, 그는 형이상학적 존재가 될 수밖에 없다. 자신의 존재 근거를 묻는 일이란 인간이 자연과 관계를 맺는 전형적 방식인 것이다. 하지만 이성적 특징이 인간의 내적 불안을 마냥 해소한 것만은 아니다. 그 이면에는 자연적 불안을 더욱 증폭시킨 면도 없지 않다.

형이상학이 존재를 사유하며 만들어낸 이중성을 확인한 철학자는 많지 않다. 이 문제 때문에 서양 철학의 역사에서 형이상학은 근본적으로 배척되는 운명에 처하기도 했다. 감각적 데이터를 통해 인식의 확실성을 추구했던 근대의 경험론이 대표적이었고, 신의 죽음을 선포한 니체는 다른 각도에서 형이상학의 종말을 선언했다. 하지만 형이상학은 몇몇 오류로 인해 인류의 역사에서 퇴장할 정도로 값싼 사유가 아니다. 철학과 형이상학은 인간적 삶이라는 동일한 뿌리에서 자라난 인간의 자기 이해이다.

하이데거는 형이상학을 인간적 삶의 한가운데서 해석한 몇 안 되는 철학가 중의 하나이다. 전통 형이상학이 삶의 바깥에서 성급히 인간의 존재와 자연의 의미를 닫아 버렸기에 그것을 피하며 교정하려는 하이데거의 언어는 다소 자의적으로 형성된다. 이러한 정황이 하이데거가 전하려는 메시지를 일반인의 이해로부터 멀어지게 만들었다. 그럼에도 형이상학의 사유가 인간 실존의 존재근거를 밝히려는 근본학임을 증명하고 그 지위를 다시 복원시키려는 하이데거의 시도는 탁월한 것이었다.

하이데거는 이제 묻는다. 도대체 왜 인간적 삶의 내면으로부터 출발한 형이상학이 스스로 자신의 근거를 떠나버리는 역설의 역사를 기술할 수밖에 없었을까? 하이데거는 형이상학이 존재자의 존재근거에 머물지 못하고 궤도 이탈한 원인을 존재와 존재자의 혼동에서 찾는다. 형이상학의 전통에 대한 그의 비판은 이렇게 시작한다.

형이상학은, 그것이 언제나 존재자로서의 존재만을 표상하고 있는 한, 존재 자체를 사유하고 있는 것이 아니다. 이 경우 철학은 자신의 근본바탕에 집결된 것이 아니다. 철학은 언제나 이 근본바탕을 떠나고 있는데, 그것도 형이상학을 통해서 그런 것이다. 그러나 그럼에도 불구하고 철학은 결코 그 근본바탕에서 벗어날 수 없다. 어떤 사유가 형이상학의 근본바탕을 경험하려고 시도하는 한, 이 사유가 오직 존재자로서의 존재자만을 표상하는 대신에 존재 자신의 진리를 사유하려고 시도하는 한, 그 사유는 어떤 의미에서 이미 형이상학을 떠난 것이다. 이러한 사유는 아직 형이상학의 입장에서 볼 때 형이상학의 근본바탕으로 되돌아가는 것이다. 그러나 이렇듯 여전히 근본바탕으로 나타나고 있는 것은─만일 그것이 그것 자체로부터 경험된다면─아마도 전혀 다른 어떤 것일 것이며 아직도 말해진 적이 없는 어떤 것일 것이다. 그렇게 되면 형이상학의 본질 역시 형이상학이 아닌 어떤 다른 무엇일 것이다 형이상학, 128쪽.

형이상학의 과제는 존재자의 존재근거를 묻는 일이다. 문제는 전통 형이상학이 존재근거를 묻기보다는 부단히 존재자를 또 다른 존재자로 환원시켜 해석했을 뿐인 데에 있다. 이는 철학으로 하여금 자신의 근본바탕을 떠나도록 만든다. 그것도 형이상학적 사유를 통해서 말이다. 그래서 하이데거는 존재자의 존재, 이른바 존재의 진리를 사유하기 위해 기존의 형이상학을 떠나야 한다고 주장한다.

하이데거의 비판은 형이상학의 극복으로 표현되곤 한다. 이 어구에는 약간의 오해의 소지가 있다. 하이데거의 의도는 형이상학 자체를 부정하는 데 있지 않다. 정확하게 표현하면, 기존의 형이상학이 보였던 조급함과 무능력에서 벗어나기 위해 우리는 형이상학의 진정한 과제인 존재에 대한 사유로 돌아가야 한다는 뜻이다. 하이데거의 눈에 비친 기존의 형이상학적 사유는 오로지 존재자를 존재자로 표상하는 데 그쳤을 뿐이다. 그러기에 존재에 대한 사유는 형이상학을 떠나야만 한다는 결론에 이른 것이다.

형이상학의 전통이 단 한 번도 존재 자체를 사유하지 못했다는 하이데거의 주장은 조금은 과장된 표현처럼 보인다. 그러나 적어도 철학사의 주류를 묘사한 것으로는 그리 무례해 보이지 않는다. 이것을 이해하기 위해 우리는 하이데거의 언어에 조금 익숙해질 필요가 있다. 존재자의 존재나 존재 자체에 대한 사유 혹은 존재의 진리라는 개념들은 일상적 경험으로는 도저히 파악되지 않는 암호처럼 보인다. 존재자와 존재의 구별을 통해 하이데거는 무엇을 얻으려는 것일까? 구체적인 예를 들어 하이데거의 상상력을 해독해 보자.

3) 존재의 진리를 사유하라

매미목과에 속하는 매미는 생태계에서 가장 긴 유충기를 지닌 특이한 생존 구조를 지니고 있다. 짧으면 수년에서 긴 경우에는 십수 년을 땅속에서만 나무뿌리의 수액을 먹으며 유충기를 보낸다. 그 뒤 여름이 되면 한밤중에 나무줄기나 풀줄기를 타고 올라와 성충이 되는 불완전한 생태구조를 가지고 있다. 성충으로 우화羽化를 한 뒤 매미의 일생은 더욱 기막히다. 지상에서 보내는 며칠 동안 수컷이 하는 일이라곤 암컷을 유혹하기 위해 우렁차게 여름을 깨우는 일이다. 교미 후에는 오랜 준비기간에 비하면 정말 허무할 정도로 짧은 생애를 마감하고 다시 자연으로 돌아가 버린다. 암컷의 운명도 수컷과 별반 다르지 않다. 한 달 남짓 많은 수컷의 구애에 마냥 행복해하지만, 나무껍질 속에 알을 낳고 나면 자연이 부여한 생의 기간이 다해버리고 만다.

백년에 가까운 시간 동안 자아실현이라는 고상한 형이상학적 목적을 자신에게 부여하는 인간의 입장에서 보면, 매미의 일생은 기구하다 못해 불행해 보이기까지 한다. 생물학자의 눈에 비친 매미의 생태는 심지어 어리석어 보일 것이다. 겨우 종족이나 보존하자고 그토록 비효율적인 시간을 보내고 있으니 말이다.

매미의 일생을 형이상학자의 관점에서 보면 어떨까? 당연히 기존의 형이상학은 매미의 본질을 물을 것이다. 매미의 '있음'이라는 자연적 운명은 어떠한 본질적 요소를 지니고 있는 걸까? 천적들의 위협에도 수년간을 땅속에서 살아남은 유충의 생존능력이 매미의 본질일까? 아니면 오로지 짝짓기만을 위해 수년간 인고의 시간을 버틴 성충이 매미가 보낸 시간의 목적일까?

전통 형이상학이 매미의 본질을 묻고 답하는 과정은 자연적 이성의 관찰과 다르지 않다. 매미의 존재를 존재자의 다양한 속성을 통해 묘사한 것이다. 그런데 하이데거의 관점에서 보면, 이런 종류의 질문과 답변은 사실 매미의 존재를 사유한 것이 아니다. 형이상학은 매미의 '있음'을 사유한 것이 아니라 매미라는 존재자를 또 다른 존재자로 뒤바꿔 해석했을 뿐이다. 하이데거는 이러한 방식으로 매미의 존재 자체를 사유할 수는 없다고 판단한 것이다.

그렇다면 매미의 존재란 무엇일까? 우리는 이 질문을 조금 달리 표현해 볼 수 있다. 매미는 왜 이러한 '있음'의 구조를 지니고 있는 것일까? 이 질문은 앞선 것과는 달리 답변되어야만 한다. 앞선 질문이 매미의 무엇을 묻는 것이라면, '있음'에 대한 질문은 그것의 의미를 묻고 있기 때문이다.

하이데거는 존재의 진리를 존재자의 의미를 묻는 과정과 동일하게 간주하고 있다. 그간 형이상학은 존재자의 존재자만을 표상했을 뿐 단 한 번도 '있음'의 의미를 묻지 않았던 것이다. "도대체 왜 무가 아니고 어떤 것이 있는 것일까?"라는 형이상학의 질문은 존재자를 묻는 것이 아니라 그 존재자의 존재가 지니고 있는 의미를 묻고 있다. 그래서 의미를 묻고 답하는 언어는 형이상학의 전통을 벗어날 수밖에 없다고 하이데거는 판단한 것이다. 그동안 형이상학은 존재를 오로지 다양한 존재자로만 해석하는 데 매진했기 때문이다.

그렇다면 형이상학의 역사는 의식적 오류에 불과한 것일까? 기존의 형이상학이 존재를 사유하기는커녕 존재의 망각만을 야기했다는 지적은 하이데거에게 있어서 의심의 여지가 없어 보인다. 그의 주저 『존재와 시간』도 이 부분을 누차 지적하고 있다. 인간의 불안에서 시작된 형이상학이 존재사유를 통해 불안을 잠재우기는커녕 오히려 물음 자체를 망각하였고, 그 결과 인간의 불안은 눈덩이처럼 커져 실존을 막다른 길로 몰아세우고 있다.

특이한 점은 형이상학의 오류를 바라보는 하이데거의 태도이다. 그는 형이상학이 보인 혼동이 일반적인 잘못이나 결함과는 다르다고 말한다. 일반적으로 보면 우리가 흔히 저지르는 실수나 오해는 교정의 대상이다. 형이상학이 존재자의 존재근거와 의미를 단순히 존재자의 속성으로 오해했다면 이를 교정하면 그만이다. 존재의 근거가 '이것'이 아니라 '저것'이라고 밝히면 문제는 간단히 해결된다. 그런데 하이데거의 생각은 우리의 상식을 벗어난다.

형이상학의 발언은 그 시작으로부터 그 완성에 이르기까지 기이하게도 철저히 존재자와 존재를 혼동하고 있다. 물론 우리는 이러한 혼동을 생기로 사유해야 하며 어떤 실수로 여겨서는 안 된다. 이 혼동은 그 근거를 결코 사유의 태만함이나 말함의 경솔함에 두고 있는 게 아니다. 이렇듯 철저한 혼동으로 인하며, 형이상학이 존재물음을 제기하고 있노라고 세인

들이 주장할 경우에는, 생각이 혼란의 극치에 이르게 되는 것
이다 형이상학, 132쪽.

　하이데거에게 있어서 형이상학의 혼동은 그 누구의 잘못
이 아니다. 누군가의 결함이나 실수로 치부해서도 안 된다.
이는 사태를 수습하는 올바른 절차가 아니다. 그 이유는 무
엇일까? 존재를 존재자로 환원시킨 형이상학의 오류를 하
이데거가 단순한 실수로 치부하지 않은 이유는 형이상학이
범한 사유의 오류를 통해 우리가 존재의 의미를 물을 수 있
게 되었기 때문이다.

　존재는 존재자에 너무나 밀착되어 있기 때문에 그 의미를
묻는 일은 결코 쉬운 과제가 아니다. 마시는 물처럼 숨 쉬는
공기처럼 존재자의 시간에 절대적으로 필요하지만, 이미 존
재자와 함께 있어 왔고 지금도 존재자와 더불어 존재하기
때문에 우리는 그것의 의미를 물을 필요를 느끼지 못하는
것이다.

　우리는 삶에서 가장 소중한 것을 종종 잊기 마련이다. 망
각된 것이 의식의 수면 위로 떠오르는 때란 우리의 삶이 그

것의 부재로 인해 위기를 맞이했을 순간일 것이다. 형이상학의 혼동이 우리로 하여금 존재의 의미를 물어야 할 만큼 삶을 위기로 몰아간 것이다. 그 때문에 하이데거는 형이상학의 오류를 존재의 생기 자체이자 필연적 사건이라고 명시한다.

그 어느 때보다 존재자의 속성에 대한 학문적 연구가 활발한 오늘날 우리는 존재의 빈곤함에 시달리고 있다. 의미의 부재로 인해 정신적 빈곤에 고통받고 있는 것이다. 지금 이 순간 우리가 존재의 진리를 사유하고자 원한다면, 형이상학의 망각은 우리가 맞닥트려야 할 존재의 사건이 된다. 이것을 하이데거는 다음처럼 묘사하고 있다.

…그러나 존재의 망각을 경험하고 이 경험을 인간에 대한 존재의 연관 속으로 받아들이면서 그 연관 속에 참담게 간직하기 위해, 이제 새로이 존재의 망각에 주목하고자 애쓰는 노력이 형이상학을 극복하기 위한 노력이라고 가정하면, 이때 '형이상학이란 무엇인가'라는 물음은 존재의 망각이라는 절박한 위기에 처해 있는 상태에서 사유가 꼭 처리해 나가야 할 필

연적인 일 중에서도 가장 필연적인 일로 남아 있을 것이다형
이상학, 133쪽.

존재의 망각 혹은 혼동을 오류나 결함이 아니라, 인간 존
재의 필연성에서 받아들여야 한다고 하이데거는 강조한다.
자신을 이해함에 있어서 다양한 오류가 발생할 때, 우리는
실존의 의미를 다시 한 번 되돌아보기 때문이다. 결국 형이
상학적 사유란 존재의 근거를 은폐하기도 하지만 그것의 드
러남을 사유하는 유일한 학문이기도 하다. 이러한 이유로
하이데거는 형이상학의 본질에 대한 물음이 곧 존재의 진리
를 사유하기 위한 철학적 상상력임을 강조한다. 형이상학이
무엇인지 알아야 비판을 하든지 극복을 하든지 할 테니 말
이다. 물론 이러한 주장이 여전히 이해하기 어려운 것은 사
실이다. 다른 각도에서 이를 설명해 보자.
　누군가가 축구 국가대표로 선발되지 못한 일이 그의 결함
이나 오류로 간주될 수는 없다. 매미가 우리와 다른 매우 불
합리한 생태구조를 지녔다고 해서 그의 생애를 비난하거나
놀릴 수 있는 권리를 지닌 사람은 아무도 없다. 그 이유를

찾는 일은 어렵지 않다. 한 축구선수가 삶의 목적을 국가대표로 발탁되는 것에 둘 경우, 그는 십중팔구 자신의 존재근거를 잃어버리게 된다. 국가대표가 되지 못할 때 그는 절망할 것이고, 설령 된다 해도 평생을 국가대표로 활약할 수는 없는 노릇이다. 정체성의 상실은 필연적으로 발생할 수밖에 없다. 여기서 우리는 개인의 존재근거가 그가 꿈꾸는 사회적 가면에 있지 않음을 직시해야 한다. 가면은 정체성의 의미를 추구하도록 우리를 이끌어갈 뿐이다.

매미의 기구한 일생도 같은 맥락에서 파악될 수 있다. 우리가 매미의 내부로 진입해 갈 수 없는 이상 우리는 매미의 자기의식을 이해할 수 없다. 우리는 자기 보존본능이라는 자연적 패러다임으로 매미를 가둬둘 뿐이다. 행여 매미가 변신의 신화에 등장하는 것처럼 다음 생애에서 새로운 시간을 꿈꾸는 중이라면, 우리에게 비춰지는 불합리한 생태구조는 속죄의 의미가 있을 것이다. 어쨌든 형이상학의 역사가 보여준 불협화음도 이와 같은 맥락에서 고찰될 수 있다.

형이상학은 인간이 누구인지를 보여주는 가장 탁월한 사유방식이다. 생태계의 어떤 생명체도 자신과 사물의 본질을 묻지는 않는다. 하지만 묻고 답하는 과정이 인간 자신에게 항상 긍정적 결과만을 가져오는 것은 아니다. 잘못된 판단과 그에 따른 행위는 인간적 삶을 위기로 몰아가기도 한다. 그럼에도 자신의 오판과 그 결과를 직시하는 인간은 스스로 자신의 실존근거를 더욱 깊게 사유하는 법을 배운다. 어두운 날이 밝은 날의 고마움을 느끼게 해주는 것과 같은 이치이다.

하이데거는 형이상학에 의해 진행된 존재의 망각도 존재를 사유하기 위한 과정으로 묘사한다. 형이상학에 대한 비판과 극복은 단순한 폐기처분이 아니다. 하이데거는 형이상학의 한계 지점이 인간의 내적 불안을 지속시키고 자신이 누구인지에 대한 질문을 던질 수 있도록 일종의 존재론적 지평으로 기능하고 있다고 말한다.

하이데거의 이러한 시각은 인간학적 관점에서도 타당하다. 인간에 대한 가장 냉정한 인간학적 평가는 '밖에 서 있는 존재Ex-istenz'이다. 자신을 대면할 수 있다는 뜻이다. 이는 인간 실존이 지닌 딜레마를 보여주고 있다. 인간은 자연의 한 조각이지만, 자기 보존본능으로만 살아가는 사람은 없다.

이성의 힘은 결코 작지 않다. 한편 자연적 본능이 없이 이성만으로 살아가는 사람이 있을까? 우리의 판단은 무의식 속에서 준비되며, 의식의 방향은 종종 욕망에 이끌린다. 이는 부정할 수 없는 사실이다.

이러한 이유로 형이상학이 성급하게 닫아 버린 인간은 불행하고 왜곡된 자화상임에는 틀림없다. 하지만 이 불행과 왜곡이 인간적인 것이 아니라고 판단한다면, 우리는 적절한 출구전략을 짤 수가 없다. 우리가 스스로 누구인지를 묻는 순간을 기억해 보자. 자신을 잊고 동분서주하는 순간 갑자기 삶이 멍에처럼 다가올 때일 것이다. 형이상학에 의해 왜곡된 세계에 갇힌 인간도 마찬가지이다. 언젠가부터 인간은 질곡으로부터 벗어나기 위해 몸부림치며 깊은 심연에서 빠져나올 용기를 꿈꾸게 된다.

인간 존재의 본질을 묻는 형이상학은 조심스럽게 진행되어야 한다. 인간 실존의 무엇이 아니라, 그가 누구인지를 물어야 하기 때문이다. 존재자의 존재 자체를 사유하는 일은 실존이 드러나는 방식을 끝까지 마주할 수 있는 용기와 인내에 성공 여부가 달려 있다. 존재의 진리를 이해하기 위해 존재자의 특정한 속성을 떠올리는 행위로 전락되는 순간, 형이상학은 인간 존재를 질식시킬 뿐이다.

그렇다면 존재를 사유함이란 무엇을 말하는 것일까? 여기서 우리가 우리의 외부에 있는 특정한 대상을 떠올리게 되면, 우리는 길을 잃어버리게 된다. 존재를 사유하려는 자는 자신의 내부로 방향을 돌려야만 한다. 존재에 대한 사유란 인간이 자신에게 던지는 존재에 대한 물음이다. 인간이란 누구일까? 실존의 존재 근거는 어떻게 이해될 수 있을까? 이 질문은 열려진 '있음'을 지향하고 있다. 이 '열려 있음Erschlossenheit'을 사유하는 일은 하이데거에게 있어서 대단히 중요하다. 형이상학에 의해 잊힌 존재에 대한 물음을 다시 기억하기 위해 우리는 형이상학에 의해 닫혀 버린 인간을 다시 열어야 한다. 그 첫 발걸음은 무척이나 고통스러울 수도 있다. 애초 형이상학에 의해 무뎌진 자연적 불안과 다시 마주해야 하기 때문이다.

형이상학의 극복은 우리 자신을 다시 불안의 한가운데로 되돌려 놓는 것으로부터 출발한다. 그때 우리는 형이상학이 단순히 학문의 한 분과가 아니라, 존재 자체의 사건임을 알게 될 것이다. 따라서 형이상학의 극복은 새로운 형이상학의 출발점, 혹은 존재의 진리를 사유하는 첫걸음이 될 것이다. 사유는 일반적인 맥락에서 사용되는 사고와는 차원이 다르다. 하이데거는 존재의 진리를 사유함이 무엇인지를 설명하기 위해 인간 실존의 모습을 다시 한 번 상기시킨다.

『존재와 시간』에서 '실존'은 무엇을 뜻하는가? 이 낱말은 존재의 한 방식을 가리킨다. 즉, 존재의 열려 있음Offenheit des Seins을 위하여 열린 채 서 있는 그런 존재자의 존재를 가리킨다. 이 존재자는 존재의 열려 있음을 끝까지 견디어냄으로써 그 열려 있음 속에 서 있다. 이러한 견디어냄은 마음씀Sorge이라는 용어에서 경험된다. 터-있음의 탈자적인 본질은 마음씀으로부터 사유되고 있으며, 또 거꾸로 마음씀은 오직 그 탈자적인 본질에서만 충분히 경험된다. 이렇게 경험되는 견디어냄은 여기서 사유되어야 할 탈자태의 본질이다. 그렇기 때문에 사람들이 실존의 탈자적인 본질을 단지 '밖에 나가서 있음Hinausstehen'으로 표상하고 이 '밖에 나가서'를 내재적인 의식과 정신의 내부로부터 밖으로 나가는 것으로 파악한다면, 그것은 아직도 충분히 이해되었다고는 말할 수 없다. 왜냐하면 그렇게 이해될 경우에, 실존은 여전히 주체성과 실체의 관점에서 표상되는 것이기 때문이다. 그에 반해 끝까지 견디어냄에서의 '견디어'라는 표현은 '존재 자신의 열려 있음을 철저히 지탱한다'는 의미로서 사유되어야 한다. 아주 이상하게 들리기는 하겠지만 탈자적인 것의 서 있음은, 존재 자신이 그것으로서 본래 존재하고 있는 바로 그 비은폐성Unverborgenheit의 터Da, 터전에 나가서 그 '안에 서 있음'을 의미한다. '실존'이라는 용어에서 사유되어야 할 그것은—만일 이 용어가 존재의 진리를 향하여 그 진리로부터 사유하는 바로 그런 사유의 영역 내에서 사용되고 있다면— '내존해 있음Inständigkeit'이라는 표현이야말로 그 사태에 가장 잘 어울릴 것이다. 이때 우리는 특히 존재의 열려 있음에 내존해 있음, 이 내존해 있음을 견디어냄, 그리고 끝까지 견지함 등을 함께 사유하여 그것을 실존의 완전한 본질로서 사유하지 않으면 안 된다 형이상학, 137~138쪽.

존재의 진리를 사유하라는 표현은 난해하다. 존재의 진리는 실존 자체이다. 실존 자체를 사유한다는 말은 어떤 의미일까? 우리는 여기서 사유가 뜻하는 바를 일반적인 사고나 인식의 내용과 바꿔치기해서는 안 된다. 사고나 인식은 전통적으로 주체와 객체를 분리하거나 어느 한쪽의 우위성을 정당화하는 과정이곤 했다. 혹은 양자 사이에서 성립하는 일치를 전제로 하고 있다. 우리가 지금 보고 만지며 생각하고 있는 사과가 실제로 사과가 아니라면, 나의 인식과 사유는 진리가 아니라는 식이다. 이때 형이상학의 대안은 생각을 바꿔 우리가 보고 있는 것이 무엇인지를 다시 한 번 면밀히 검토하는 일로 제안된다.

그런데 하이데거가 말하는 존재에 대한 사유는 이런 식의 의식과정이 아니다. 존재의 진리는 '열려 있음'이라는 실존의 존재론적 사태를 표현하는 것이며, 이것을 사유하는 일은 그 안에 끝까지 머물러 있을 수 있는 실존의 인내와 견뎌냄이다. 여기서 주관과 객관의 분리는 더 이상 의미가 없다. 기존의 형이상학은 이 부분에서 결정적인 오류를 범했다고 하이데거는 진단하고 있는 것이다. 조기 축구회 회원이 국가대표에 선출되어 공격수로 뛰고 있는 것처럼 형이상학은 너무도 어설펐다. 성급히 실존의 심연을 닫았고 방구석에 앉아서 가족에게 폭력을 휘둘렀다. 정신의 미성숙에서 오는 사디즘에 불과했던 것이다.

4) 존재 안에 머물러 있음

존재의 근거를 사유하기 위해 대상적 사유에 머물렀던 전통 형이상학은 한계가 명확했다. 이것의 극복은 필연적으로 보인다. 당연히 극복이 폐기인 것은 아니다. 인간은 끊임없이 자신에 대해 묻고 답해야만 하는 존재이다. 존재의 진리를 과제로 삼는 형이상학이 인간 정신의 본질에 놓여 있다는 사실은 당연해 보인다. 자연의 직접성에서 벗어나 지속적으로 자신의 '열려 있음'을 사유할 수 있는 능력이 곧 이성의 힘이자 형이상학적 사유이다. 그런데 형이상학이 고정된 정체성을 우리에게 강요한다면, 이때부터 실존은 내면에서부터 저항의 목소리를 내기 시작된다. 폐쇄된 자신을 참지 못해 내면의 문을 여는 일은 실존의 본질이자 인간 존재의 근거이기도 하다.

인간은 동물적 본성을 지니고 있지만, 그 본성과 관계를 맺기도 한다. 이 관계성이 인간과 동물을 가르는 근본적 차이이다. 종종 이 차이는 인간의 합리적 판단으로 간주되곤 했다. 그러나 합리적 이성이 전부는 아니다. 하이데거는 합리성을 움직이는 동력으로 염려Sorge라는 존재의 비밀을 본다. 상식적으로 보면, 어울리지 않는 조합이다. 이성은 냉철함의 상징이고 염려는 비합리적 판단을 야기하는 내면의 심연에서 오기 때문이다. 그럼에도 하이데거의 염려에 대한 실존적 분석은 우리의 일상적인 의혹을 무력화시키기에 충분하다.

염려란 무엇이고, 인간은 왜 대상도 없는 염려에 몸을 맡기고 방황하는 것일까? 염려는 단순한 두려움이 아니다. 일반적으로 두려움은 일정한 대상으로부터 온다. 예컨대 맹수로부터 오는 두려움은 대상이 사라지면 동시에 무화되는 감정의 변화이다. 그러나 염려는 그렇지 않다. 염려의 대상이 단순한 '있음'의 형태로 주어져 있지 않기 때문이다. 하이데거는 염려를 인간에 대한 특정한 이념으로 이해하지 않는다. 이념은 이성의 이론적 구성물이기에 염려를 설명할 수 있는 도구가 될 수 없다. 염려는 이성이 활동하기 이전에 이미 실존의 근원적 '있음'이라는 것이다.

하이데거는 염려가 인간이 자신을 해석하기 이전에 발생한 근원적 사건임을 명시하기 위해 그리스 신화에 등장하는 쿠라Cura의 이야기를 원용하기도 한다존재와 시간 183쪽. 쿠라의 신화는 인간이 어떻게 염려의 존재가 되었는지를 설명하는 우화이다. 염려의 신이었던 쿠라가 우연히 점토로 인간을 빚었는데 영혼의 신, 대지의 신과 더불어 피조물의 주권을 놓고 다투게 되었다는 이야기이다. 분란은 시간의 신인 사투르누스가 나타나 각자에게 공평하게 인간의 부분을 나눠주면서 끝나게 되며, 그 후 인간이 평생 염려의 신의 영향 아래 놓이게 되었다는 것이다.

염려가 실존의 근원적 모습이라는 주장은 철학적이라기보다는 인간학적인 측면에서도 설명이 가능하다. 인간은 정해진 정체성을 지닌 채 세상에 태어난 것이 아니다. 어디서 왔는지 그리고 어디로 가는지도 불투명하다. 자연이 인간에게 부여한 능력이 있다면, 그것은 무無로부터 스스로 자신의 존재에 의미를 부여하는 정신의 힘에 있을 것이다. 인간의 삶은 주어진 것임과 동시에 과제로 부과되어 있다는 뜻이다.

과제라는 단어에도 약간의 부연설명이 필요하다. 인간의 '있음'이나 실존에 감춰진 과제는 우리가 일상에서 느끼는 심리적·물리적 부담과는 다르다. 일상적으로 우리에게 이해되는 삶의 과제는 시작과 끝이 명확하다. 요즘 나에게 주어진 일상적 과제는 이 글을 매조지하는 일이다. 하루 동안에 소화할 수 있는 양이 어느 정도 정해져 있기에 며칠 게으름을 피우면 불안한 마음이 엄습한다. 이미 한 번 마감기한을 연장한 탓에 다음 달 말까지는 어떤 일이 있어도 탈고를 해야 한다. 지금 나의 삶에 얹혀 있는 짐은 분명 가볍지 않다. 그러나 이 글의 결론과 동시에 연기처럼 소멸될 것이다. 그 후 책은 출판되고, 나는 저자로 이름이 올라갈 것이다.

그런데 실존에 부과된 과제는 이처럼 일상에서 이해되는 임무처럼 시작이 있는 것이 아니다. 과제가 일정한 결과에 따라 소멸되는 것도 아니다. 실존이 곧 과제인 탓이다. 우리는 살아 있는 동안 일정한 과제를 수행하도록 운명 지워져 있다. 자신이 누구인지를 드러내는 과정은 인간의 실존에 담긴 비밀이다. 종종 우리는 인위적으로 주어진 사회적 가면을 자신의 정체성으로 오인하는 경우가 있다. 전적으로 틀린 생각은 아니다. 누구와 혈연으로 맺어져 있고 어떠한 사회적 지위를 지니고 있는지는 자신에 대한 좋은 정보이다. 하지만 사회적 가면을 '있음'으로부터 오는 존재의 의미로 착각하게 되면, 삶이 그대를 제대로 속여서 슬퍼하거나 분노하게 된다. 우리가 쓰고 있는 가면은 언젠가는 벗겨질 것이고, 그때 불현듯 엄습하는 공허함에 우리는 자신의 정체성을 상실하게 될 것이다. 존재의 망각은 자신의 정체성에 대한 망각이 된다.

전통 형이상학이 실패한 이유가 바로 여기에 있다. 형이상학은 강력한 이성의 힘을 바탕으로 '있음'을 해석하고 분석하는 데는 탁월한 능력을 발휘하였지만, 존재의 깊이에 머물러 있을 만큼 인내심이 깊지는 못하였다. 인간의 실존에 담긴 '있음'의 풍요로움을 만끽하려면, 실존의 열려 있음에 우리가 더욱 익숙해져야 한다고 하이데거는 조언한다. 존재에 머물러 있으면 있을수록 존재 자신이 어떻게 스스로를 알려오고 감추며, 내어주고 빠지는지를 직시할 수 있기 때문이다.

이러한 맥락에서 보면 존재의 진리를 사유한다는 표현은 우리가 지금까지 알고 있는 철학적 전통과는 상당히 거리가 있어 보인다. 전통적 사유는 존재의 진리를 으레 앎의 영역에서 이해하려고 시도하였다. 아는 것을 힘으로 여기고 천방지축 자연을 헤집었던 철딱서니 없는 이성의 행각은 근대에 이르러 처음 형성된 생활방식이 아니다. 인간의 생존전략 중 가장 강력한 원천이 이른바 주변세계를 인식의 영역에 묶어두는 것이었다. 그래야 인간의 실존에 붙어 있는 불안을 임시방편으로나마 억누를 수 있었을 것이다. 하이데거는 형이상학의 역사도 인류의 오랜 역사적 의식에서 자유롭지 못하다고 본 것이다. 이 때문에 하이데거는 존재 진리의 사유라는 철학적 과제를 수행할 때 인식론적 개입을 지속적으로 경계한다. 존재의 진리는 무엇을 아는 것을 통해서 우리와 관계를 맺을 수 없다는 뜻이다.

그렇다면 우리는 존재의 진리를 어떻게 사유할 수 있을까? 우리는 앞서 '실존에 머물러 견뎌냄'이라는 하이데거의 표현을 액면 그대로 사용하였다. 이 부분은 약간의 부연설명을 필요로 한다. 이로부터 우리는 하이데거의 독특한 진리관을 이해할 수 있기 때문이다.

진리는 오랫동안 우리의 의식과 외부 사태와의 일치로 파악되었다. 이른바 진리 대응설로 불렸던 이론이 그것이다. 우리는 하이데거가 전통적 진리이론을 통째로 부정하고 있다고 보지는 않는다. 오히려 하이데거는 이러한 진리가 어떻게 가능한지를 묻는다. 그 첫 단추가 진리 개념에 내재된 어원적 의미이다.

우리가 사태를 올바르게 인식하기 위해서는 일차적으로 무언가가 드러나야 한다. 여기서 하이데거는 진리를 뜻하는 그리스어 알레테이아Aletheia가 사실 '드러남'이라는 어원을 지니고 있음에 주목한다. 존재의 진리를 사유하기 위해 우리가 일차적으로 내디뎌야 할 지평은 의식과 사태의 일치에 연연하는 것이 아니다. 스스로 드러나는 지평에 머무를 수 있는 인내와 용기가 필요한 것이다. 하이데거의 논점은 분명해 보인다. 그동안 철학사는 진리를 추구한 것이 아니라, 그 전 단계에 머무르며 진리를 찾았다고 주장한 셈이다.

이러한 주장은 대단히 오만한 행보처럼 보인다. 하지만 잘 따지고 보면 하이데거의 의도보다 더 많은 뜻이 담겨 있다. 우리가 무언가를 안다고 말할 때는 늘 무언가를 대상으로 전제해야만 한다. 존재의 진리가 인식의 영역에 속한 거라면 당연히 진리도 일종의 대상 혹은 존재자에 속하게 될 것이다. 여기서 우리는 모종의 딜레마에 부딪히게 된다. 존재의 진리를 이러저러한 존재자의 모습에서 찾게 되면, 우리는 또 다시 변화무쌍한 우연의 세계에 몸을 의탁해야 하기 때문이다.

무언가를 안다는 사실은 일정한 법칙을 가정해야만 성립한다는 점도 부담으로 다가온다. 무엇을 안다는 사실을 증명하기 위해 우리는 선후관계나 인과의 법칙 등을 적용시켜야 한다는 뜻이다. 어떤 일이 발생한 것은 사실이다. 이 사실을 앎의 영역에 두려면 우리는 그것이 언제 그리고 왜 일어났는지를 밝혀야 한다. 예를 들어 계절의 변화를 확인하는 과정은 단순히 변화과정을 보는 것만으로는 충분치 않다. 언제 그리고 왜, 어떻게 계절이 변화하는지를 밝혀야 농사와 관련된 지식을 얻을 수 있는 것이다. 그래서 우리의 의식은 존재의 진리를 일정한 대상의 메커니즘과 동일시하는 경향으로 발전해 온 것이다.

존재의 진리를 대상의 메커니즘을 통해 이해하게 되면 골치 아픈 일이 한두 가지가 아니다. 우선 존재가 메커니즘의 원인이나 기원으로 대체될 수밖에 없다. 그런데 우리는 원인이나 기원이 자의적인 개념이라는 사실을 잊어서는 안 된다. 원인은 또 다른 원인을 전제하기 마련이다. 자신이 원인이 되는 실체도 있을 수 있다. 하지만 어떠한 원인도 최종적인 것으로 우리의 시야에 들어올 수는 없다. 결국 형이상학을 지탱하는 본질의 토대는 과정의 일부에 불과하거나 신기루처럼 흩어질 뿐이다.

죽음이라는 존재의 예를 통해 이를 확인해 보자. 하이데거는 실존을 죽음으로의 존재로 묘사한다. 이것을 정당화하기 위해 우리가 굳이 하이데거의 논증을 인용할 필요는 없다. 어차피 우리는 모두 언젠가는 죽을 운명이 아닌가! 죽음의 의미를 존재의 영역에서 이해하는 일은 형이상학의 당연한 과제처럼 보인다. 그런데 이를 인과의 법칙이라는 프리즘을 통과시켜 고찰하게 되면, 이때부터 문제가 꼬이기 시작한다. 우리는 타인의 죽음을 바라보며 존재의 유한성과 필연성을 인식하기보다 죽음의 원인을 찾는 데 익숙해 있다. 누군가가 사망했으며 그 원인이 교통사고에 있다는 기사를 읽으며, 우리는 운전에 대한 경각심을 키운다. 그리고 교통사고가 발생한 원인이 음주운전인지 아니면 단순한 부주의나 졸음운전은 아닌지가 관심의 대상이 된다. 흡연을 하는 사람은 그렇지 않은 사람보다 치명적인 병에 걸릴 확률이 높고, 고기를 많이 섭취하는 사람은 아무래도 각종 성인병에 노출될 확률이 높다는 식이다.

그런데 우리가 죽음의 원인을 아무리 규명해도 죽음을 피할 수 있는 것은 아니다. 존재는 우연히 실존에 붙어 있는 것이 아니라, 실존의 본질적 요소인 것이다. 이때 형이상학의 과제는 죽음이 삶과 어떠한 관계를 맺으며 어떻게 스스로 드러나는지를 묻고 밝히는 데 있다. 하이데거의 존재 진리에 대한 사유가 어디에 정박해 있는지를 고찰할 수 있는 대목이다. 존재의 진리란 무엇을 아는 행위가 아니라, 존재자를 그 자체로 드러나게 하는 지평이라는 것이다. 진리는 곧 드러남이다. 무엇이 드러나는 것일까? 이 질문은 잘못 던져진 것이다. 무엇이 드러나는 것이 아니라, 그 드러남을 견뎌내고 끝까지 지속해 나갈 수 있는 실존의 삶의 자세가 곧 존재의 진리가 된다.

　이제 우리는 하이데거가 왜 『존재와 시간』에서 현존재 분석에 그토록 집착했는지에 대한 결정적인 단서를 얻는다. 존재의 진리는 존재자의 드러남에 있다. 그런데 그 드러남을 이해하고 발견하는 주체는 '나'일 수밖에 없다. 이 문장은 조심스럽게 접근해 가야 한다. 자칫 오해를 부를 소지가 다분하기 때문이다. 존재는 시간이며, 이 시간은 곧 '나'의 시간이다. 존재가 나의 존재로부터 연역된다는 말이 아니다. 하이데거가 '나' 자신을 넘어서는 어떤 것도 존재하지 않는다는 유아론을 주장하는 것은 결코 아니다. 이러한 오해는 우리의 이해의 폭이 넓어지면 자연히 사라진다. 하이데거는 '나'의 존재가 드러남을 이론화 과정을 통해 성급히 매듭짓지 않고 끝까지 그 안에 머물 수 있는 인내와 정신의 힘을 보여주려고 한다. 그것을 통해 그가 얻으려는 효과는 분명해 보인다.

　현존재의 시간은 열려 있다. 그 열려 있음과 함께 존재의 진리도 드러날 것이다. 형이상학이 존재자의 존재를 밝히는 데 어설폈던 이유는 탐구의 성급함에 있었다. 성급히 자신의 시간을 닫고 자의적인 틀 속으로 도망가 버리게 되면 일시적으로는 편안해 보일지도 모른다. 그러나 시간이 지나면 고정된 이론은 자의식에게 견딜 수 없을 만큼 무거운 멍에로 변한다. 여기서 역설이 발생한다. 아무리 좋은 일도 강요된 것은 즐겁지 않은 법이다. 그러나 아무리 어려운 과제일지라도 스스로 선택한 일이라면 인간은 보람을 느끼며 최선을 다하게 될 것이다. 즐거움과 경이로움 속에서 만들어진 자기 모습은 각자에게 시간이 어떠한 의미를 지니고 있는지를 드러내어 준다. 존재의 진리는 이렇듯 개별자의 삶과 함께 열려 있으며, 이 열려 있음은 존재자의 모습으로 우리에게 인식되는 것이 아니다.

5) 형이상학의 근본 문제

라이프니츠가 즐겨 썼던 표현대로 형이상학의 근본 질문은 하나이다. "도대체 왜 무가 아니고 어떤 것이 존재하는 것일까?" 형이상학의 극복을 말하는 하이데거에게도 이 질문은 여전히 중요하다. 하지만 성급하게 답을 구할 필요는 없다. 나는 왜 무가 아니라 존재하는 걸까? 내가 존재하는 제일원인과 목적을 찾으려는 노력은 우리의 삶에서 중요하다. 불 같은 사랑에 빠진 사람은 자신의 운명이 단 한 명의 사람을 만나기 위해 정해진 것으로 생각할 수 있다. 누군가에게는 직업적 성공이 생의 유일한 목적일 수도 있다. 학생들은 학습 능력의 차이에 행복해하기도 절망하기도 할 것이다.

삶을 일정한 시간으로 잘라내어 그 단면만을 놓고 본다면 우리가 찾은 다양한 삶의 근거들이 정체성의 형성에 중요하게 보일 수도 있다. 하지만 인생은 길고 사건은 많다. 나의 존재는 시간과 함께 펼쳐지는 사건들의 총체이자 그 이상이다. 그 '이상' 속에 존재의 의미가 담겨 있다. 어떤 사건은 가볍게 스쳐가며 기억에서 사라지겠지만, 어떤 사건은 평생에 걸쳐 나의 실존과 동행할 것이다. 고통과 슬픔을 동반한 기억은 종종 나의 실존처럼 굳어질 수도 있다. 무심코 스쳐 지나간 사건조차 우리의 무의식은 선명하게 그것을 기억하여 각종 신경증의 원인으로 작동하고 있는지도 모른다. 우리는 지금 사건들이 지니고 있는 경중輕重을 따지고 있는 걸까? 형이상학은 숱한 사건들 가운데 가장 본질적인 사건을 골라내기 위해 온 신경을 곤두세우고 있는 걸까?

유감스럽게도 형이상학의 일차적 임무는 이런 종류의 것이 아니다. 숱하게 우리를 스쳐가는 사건들이 하찮거나 부차적이라는 의미가 아니다. 우리가 시간과 더불어 경험하는 숱한 사건들은 모두 중요하며 그럴 만한 이유가 있을 것이다. 문제는 그 이면에 놓인 근원적인 지평을 밝히는 작업에 있다. 형이상학이 진정으로 최종적 근거에 질문을 던지는 것이라면 이러저러한 사건에 천착하기보다 그 사건이 어디로부터 출발하였고 어떠한 의미로 전개되는지를 확인하는 것이 훨씬 근원적일 것이다.

여기서 우리는 『형이상학이란 무엇인가』가 다루고 있는 가장 큰 주제와 만나게 된다. 무無의 현상이 그것이다. 무엇이 왜 있는 것인지 그 의미를 추적하기 위해 우리는 또 다시 '있음'으로 시작할 수는 없다. 논리적으로 이는 동어반복이 되기 때문이다. 내가 왜 여기에 있는지를 대답하기 위해 '여기에 있음'이라는 지점에서 출발할 수는 없는 노릇이다. 당연히 우리는 존재의 근원을 '여기에 없음'으로부터 찾아야만 한다. 이는 논리적인 귀결이다.

하이데거가 무의 현상을 다루는 방식은 논리적 사유를 넘어선다. 논리적으로만 보면 무란 단순히 있음의 반대편에서 찾아질 수 있기 때문이다. 그러나 무는 단순히 있음의 부정이 아니다. 무의 현상은 하이데거에게 있어서 존재의 근원과도 같다. 이른바 존재자의 존재가 머무르고 있는 신비스러운 원천인 것이다. 하이데거는 이 원천에 기대어 내용상 공허할 수밖에 없는 '있음'이 어떻게 의미로 채워질 수 있는지를 탐구해 간다.

2. 본 문

(1) 한 형이상학적 물음의 전개(무의 탄생)

형이상학이란 무엇일까? 저서의 본문은 이 질문으로부터 시작한다. 가장 무난한 출발선처럼 보이지만, 그다음의 논의를 보면 왜 하이데거인지가 도드라진다. 하이데거는 일반적인 답변을 제시하는 대신, 본격적으로 형이상학적 질문이 안고 있는 근본적 특징을 언급한다. 그가 제시하는 두 가지 특징은 형이상학을 풀어내는 자신만의 코드이다.

첫째, 모든 형이상학적인 물음은 언제나 형이상학의 문제영역 전체를 다 포괄하고 있다. 각각의 물음은 그때마다 [형이상학의 문제영역을 포괄하는] 그 전체이기도 하다. 둘째, 각각의 형이상학적인 물음은, 물음을 제기하는 사람이 ―그와 같이 물음을 제기하는 사람으로서― 그 물음 속에서 함께 물음의 대상이 되는 식으로만 물어지게 된다. 여기에서 우리는 다음과 같이 지침을 얻어낼 수 있다. 형이상학적인 물음은 전체적으로 물어져야 하며, 물음을 제기하고 있는 터-있음의 본질적인 상황으로부터 물어져야 한다 형이상학. 149~150쪽.

하이데거만이 사용할 수 있는 독창적인 언어와 사고의 방향전환이 돋보인다. 물론 난해하다. 위의 지문이 일반인의 이해를 어렵게 하는 이유는 두 종류의 범상치 않은 개념들이 등장하기 때문이다. 첫째는 전체라는 개념이며, 둘째는 현존재(터-있음)이다. 전체는 형이상학이 추구하는 본질적인 부분이고, 현존재는 그러한 전체를 추구할 수 있는 주체이다. 보다 상세한 분석은 이후 논의를 위해 필수 불가결하다.

1) 형이상학적 의미로서의 전체

먼저 전체라는 개념부터 시작해 보자. 형이상학의 질문 자체가 형이상학의 문제영역의 전체에 해당한다는 하이데거의 표현은 무엇을 뜻하는 것일까? 일반적인 의미에서 전체라는 개념은 두 종류의 방식으로 사용된다.

첫째로 가장 흔하게 사용되는 방식은 역시 양적인 개념이다. 전체는 개개箇箇 혹은 부분部分의 총계이다. 부분이 아니라면, 그것이 전체에 속할 가능성은 없다. 우리는 이것을 기계론적 사고방식이라고 부른다. 근대 이후 발달한 수학과 과학의 승리는 세상의 모든 일을 기계적 법칙에 의거하여 설명할 수 있다는 신념을 낳았다. 이는 분명 인간이 자연 위에 군림하게 되는 계기가 되었다. 자연을 계산하고 변화의 법칙을 찾아내어 인간에게 유익한 도구로 만들 수 있다는 확신을 심어 주었던 것이다. 근대 이후에서 오늘에 이르기까지 수학, 물리학, 화학, 생물학 등 모든 자연과학적 분야에서 기계론적 세계관은 비약적인 발전을 거듭하였고 인류

문명의 가장 강력한 무기가 되었다. 실증주의적 사고는 이러한 기계론적 사고가 한껏 무르익었을 때 수확했던 과실이다. 자연과 사회를 일정한 기계적 메커니즘을 통해 이해함으로써 인위적 개입과 실용적 조작의 전성시대를 열어놓기도 하였다.

둘째, 전체라는 개념은 각 부분들 사이의 유기체적 관계를 설명할 때 사용되기도 한다. 전체는 단순히 부분의 기계적 총합이 아니다. 전체는 부분의 총계 이상이라는 것이다. 단적인 예가 유기체의 생존방식이다. 유기체는 무생물과 달리 형태적으로나 기능적으로 분화된 다양한 부분으로 구성되어 있다. 그러나 전체로서 하나로 정비된 통일체를 이루고 있다. 각 지체들은 전체와의 관계에서만 의미를 지닐 수 있다. 각각 독립된 몇 개의 단편을 엮어서 부분이 줄 수 없는 단일한 주제를 드러내도록 구성된 옴니버스 드라마나 영화도 유사한 예가 될 수 있겠다.

유기체론적 세계관은 기계론적 세계관에 대한 비판과 함께 등장한 것이다. 모든 것은 물리적 법칙에 종속된다는 신념은 인간의 삶까지도 물질적 삶의 울타리에 가둬버리는 결과를 낳는다. 하지만 인간의 행복은 단순히 물질적 필요의 충족만으로 해결되는 것은 아니다. 인간의 꿈과 소망 그리고 삶의 실현은 기계적 운동이나 물질적 필요의 충족을 상회하기 때문이다.

그럼 하이데거의 경우는 어떠할까? 그가 사용하는 전체의 개념은 엄밀한 의미에서 기계적인 방식도 유기체적인 방식도 아니다. 그의 사유와 언어가 일반적인 이해로부터 동떨어져 자신만의 성채에 머무르는 이유는 개념의 어려움보다는 그것의 사용맥락이 전체적으로 생략되어 있기 때문이다. 무엇이 빠져 있는 것일까? 일단 전통 형이상학의 관점부터 돌아가 보자.

전체를 얻기 위한 형이상학의 발걸음은 일단 기계론적 세계관하고는 반대방향으로 진행되었다. 전통 형이상학이 사용했던 전형적인 형태가 목적론적 사고이다. 인간의 목적은 어디에 있을까? 오늘날처럼 먹고사는 문제가 행복의 유일한 기준으로 남아버린 시대에는 살아남는 것이 아마도 삶의 목적으로 간주될 수 있을 것이다. 그런데 단순히 살아남는 것이 목적이라면 산다는 것이 조금은 무미건조해 보인다. 특히 인간적 삶이 무언지를 묻는 질문 앞에서 우리는 당황하지 않을 수 없다.

먹고 마시며 즐기는 것은 분명 삶을 영위하는 데 필수 불가결한 요소로 보인다. 그럼에도 전부가 될 수는 없다. 그랬다면 형이상학적 사유는 고사하고 인류의 유구한 문화나 정신적 유산도 축적되지 못했을 것이다. 그래서인지 아리스토텔레스는 인생의 목적을 물질적 충족을 넘어서는 행복에 두며 시야를 확대한다. 우리는 단순히 먹고사는 게 아니라 자신에게 주어진 일정한 목적을 실현하기 위해 존재하며 그 실현의 의미가 바로 행복이라는 것이다.

이 전통은 오랫동안 서양의 문화에서 인간을 이해하는 척도로 간주되었다. 개인들이 몇 가지 기준에 따라 분류되거나 가치 평가될 수 없듯이 인간의 행복도 수량화되거나 일정한 법칙에 의해 충족되지 않는다. 행복은 전체 실존이 그 무엇에 사로잡혀 있음을 표현하는 개념으로서 그 자체가 개별적이라는 것이다.

하이데거가 바라보는 인간 실존의 모습이 큰 틀에서 목적론적으로 흘러가고 있다는 사실은 부정될 수 없다. 하지만 목적론적 사고에도 오해의 소지가 없지는 않다. 인간존재의 진리를 일정한 객관적 목적에 귀속시키는 형이상학의 전통적 행보 때문이다. 이 경우 인간 실존의 목적은 수차례 언급한 바 있는 존재자의 속성으로 환원되어 버린다. 이러한 이유로 하이데거는 목적론적 사고방식에도 일정한 거리를 둔다. 존재의 진리를 목적을 추구하는 의식적 노력에 앞서는 삶의 근원성에서 해명하기 위해서이다.

존재자의 성질에 앞서는 본질 혹은 근원성이라는 표현을 이해하기는 쉽지 않다. 철학적 사유가 무엇을 추구하는지를 살펴보는 것으로 시작해 보자. 존재의 본질을 묻고 답하는 과정에서 형이상학이 얻는 것은 무엇일까? 요즘처럼 실증적 지식이 대세인 시대에는 우선적으로 객관성의 확보가 관건일 것이다. 주관성을 가급적 배제하고 사물을 보이는 그대로의 모습으로 파악할 수 있다면, 우리는 충분히 진리를 얻을 수 있다고 확신하곤 한다. 여기에 원인과 결과라는 일정한 법칙이 첨가되면 바야흐로 완전한 지식이 탄생한다. 형이상학이 말하는 전체란 바로 이런 것이 아닐까? 하지만 여기에도 심각한 오류가 내재해 있다.

현대 철학의 대가들은 근대의 실증주의적 사고가 행한 치명적 오류를 지적하는 데 성공하였다. 근대의 사유는 객관적 현실을 얻기 위해 나와 세계를 인위적으로 양분했다는 것이다. 주체와 객체가 어우러져 전체에 이르기보다는 오히려 서로 상대방의 존재를 부정해야만 각자의 존재가 확보되는 적대관계로 변질된 것이다. 일반적으로는 오로지 객관성만이 올바른 것으로 추앙되었고 주관은 왜곡과 오류의 원천으로 낙인찍혀 날개를 잃어버린 이카루스의 신세로 전락하게 된다. 근대 철학에서 맹위를 떨쳤던 인식론은 이러한 이분법적 사고에 편승해 얻어진 결과이다.

근대 인식론은 주어진 현실을 반쪽짜리 이미지로 인식할 것을 강요한다. 하지만 과연 우리가 몸담고 있는 세계는 주관과 객관으로 분리되어 고찰될 수 있을까? 하이데거의 답변은 대단히 회의적이다. 이는 상식적인 차원에서도 설명이 가능하다. 인식이 어떻게 성립하는지를 살펴보는 일이 그것이다. 인식은 외부 세계에 대한 우리 의식 활동의 반영이다. 무엇이 인식의 주된 요소인 것일까?

우리는 여기서 현상학이 근대 인식론을 어떻게 극복하였

는지를 살펴볼 필요가 있다. 후설과 함께 출발하여 현대철학에서 상당한 지분을 차지하고 있는 현상학은 전통 인식론의 아킬레스건을 정확하게 지적한다. 사태를 있는 그대로의 모습으로 얻기 위해 주관과 객관을 극단적으로 분리하는 행위는 가능하지도 않을뿐더러 오히려 왜곡된 결과만을 양산할 뿐이라는 것이다. 현상학은 지금까지 우리가 객관적이라고 부르며 숭배했던 다양한 지식을 괄호 치기를 통해 중립화시킨다. 이들이 종종 구전된 신화나 욕망 혹은 증명되지 않은 이론에 기초를 두고 있기 때문이다. 그 대신 있는 그대로의 현실이 우리의 의식을 통해 어떻게 드러날 수 있는지를 엄밀한 방식으로 추적해 간다.

하이데거의 전체에 대한 이해가 현상학적 지평 위에 놓여 있음은 분명하다. 다만 하이데거는 의식을 실존으로 대체하여 그 외연의 폭을 넓혀 놓는다. 사태를 있는 그대로 바라보는 일은 단순히 의식의 문제가 아니다. 세계는 우리의 삶 전체를 통해 드러나는 존재의 사건이기 때문이다. 일상적 예를 들어서 이를 설명해 보자.

저자의 집 앞에는 조그마한 산이 놓여 있다. 산의 본질은 무엇일까? 형이상학이 던졌던 전형적인 문제유형이다. 물론 관찰하는 사람의 이해관계나 그가 어떠한 학문분야에 종사하는지에 따라 답변은 상이하게 전개될 것이다. 산 앞에 서 있는 사람이 부동산 개발업자라면 산은 아마도 부가가치의 원천으로 비춰질 것이다. 산에는 다양하고 유용한 지하자원이 매설되어 있다. 구릉을 골라 평지로 만들게 되면 거주지나 경작지로 활용될 수도 있다. 이뿐이 아니다. 나무를 가공하면 건물을 세우거나 각종 가구를 만드는 데 유용하게 쓰인다.

한편 과학자에게 산은 단순한 인간적 이로움의 대상은 아니다. 둘레의 땅보다 훨씬 높이 우뚝하게 솟아 있는 땅덩이로 인간에게는 자연 환경이지만, 각종 동식물에게는 생존의 터전이다. 생태계의 균형을 잡는 자연의 중심부인 것이다. 저자처럼 평범한 일반인에게 산은 그저 산책과 등산을 위한 휴양지이거나 스키와 암벽을 즐길 수 있는 스포츠의 장소로 활용될 수 있다. 하지만 지금처럼 실증학문이 지식의 권좌에 올라 대상을 해부하기 전까지 산은 신비한 힘을 지닌 경외의 대상이기도 했다. 오래된 고목나무를 베면 산신령이

노하여 마을에 심각한 해가 온다는 구전은 무시할 수 없는 믿음이었다.

이제 다시 우리의 질문으로 돌아가 보자. 산의 본질은 무엇일까? 근대 인식론은 대체로 실증과학의 영향 아래 있었기에 실용성에 초점을 맞췄지만, 오늘날 우리는 산의 본질을 단순히 이로움으로 해석하지는 않는다. 그렇다고 전근대적 신화에 여전히 목을 매지는 않는다. 어떤 관점이 과연 형이상학적 측면에서 산의 본질을 말하고 있는 걸까?

현상학은 산의 본질을 묘사하기 위해 대단히 민감하고 세심한 시선을 요구한다. 객관성을 확보하기 위해 주체를 포기하지도 않는다. 오히려 정반대이다. 사태를 있는 그대로 드러내기 위해 진정한 주체성의 회복을 강조한다. 따지고 보면 이러한 태도는 비단 현상학의 전매특허는 아닌 것 같다. 우리가 정말 사물의 본질로 돌아가기를 원한다면, 우리가 지니고 있는 다양한 선입관을 배제해야 하기 때문이다. 그뿐이 아니다. 우리는 선입관을 단순한 주관적 산물로 간주하는 편협함도 버려야 한다. 객관성이라는 단어 자체가 이미 일종의 선입관일 수 있기 때문이다. 그간 객관성이라는 이름으로 인류가 무엇을 행했는지를 살펴보면 사태가 분명해진다. 근대 이후 객관성에 대한 맹신은 자연 파괴의 결과로 이어졌던 것이다. 생태학적 균형을 파괴하는 선봉장은 늘 과학적 지식의 이름으로 등장하였다.

논점은 주관의 폐기가 아니라 우리가 세계와 만나는 소박한 접촉지점을 정확하게 묘사할 수 있는 삶의 태도에 달려 있다. 하이데거에게 현상학을 가르쳤던 후설은 이 소박한 현실을 얻기 위해 우리의 내면세계를 가장 엄밀한 방식으로 기술하려고 시도하였다. 물론 하이데거는 실존분석을 통해 후설보다 한발 더 나아간다. 산의 본질은 무엇일까? 우리의 실존은 산이 있는 그대로의 모습을 드러낼 수 있는 유일한 지평이다. 개별자로서 실존은 인식의 테두리를 결정하는 범위이다. 그 안으로 들어와 지각된 산은 살며시 자신의 한쪽을 열어 자신을 드러낸다. 우리가 산의 일부분을 의식하면 그만큼의 현실이 우리의 지각 안으로 들어오는 것이다.

이를 토대로 산의 모습을 다시 정리해 보자. 산의 전체를 묘사하기 위해 우리에게 필요한 건 과학적 지식이 아니다. 전체를 인식해 내려는 그와 같은 시도는 애당초 불가능하다. 우리의 과제는 산과 만나는 소박한 접촉점을 정확하게 지적하는 데 있다. 인간은 실용성으로 산을 대하지만, 산이 우리에게 자신을 드러내는 방식은 언제나 변함없이 자신의 품을 내어주는 넉넉함일 수도 있다. 인간의 이성은 이와 관계를 맺을 수 있는 정신력이다. 각종 자연적 이해관계로 마음의 문을 닫는 행위는 오히려 반이성적이라고 볼 수 있다.

이제 형이상학적 질문이 그 자체로 전체라는 하이데거의 표현에 주목할 때이다. 그가 의도하는 바는 무엇일까? 형이상학적 질문은 근대의 인식론처럼 주관과 객관을 분리시켜 고찰하는 사유방식이 아니다. 하이데거는 형이상학이 무엇인지를 묻는 주관을 배제한 채 어떠한 형이상학적 사유도 성립할 수 없다고 주장하는 것이다. 이른바 사태의 본질과 주관이 만나는 소박한 지점을 외면할 때, 우리는 어떤 경우에도 형이상학이 무엇인지를 알 수 없게 되는 것이다. 인간의 실존 분석이 형이상학의 근원으로 내려가는 관문이 되는 순간이다. '철학은 거꾸로 된 세계'라는 헤겔의 표현에 하이데거가 동의하는 이유이다.

2) 현존재의 운명

다소 복잡하게 엉켜 있는 실타래처럼 보이지만, 실마리는 종종 의외의 곳에서 찾아지곤 한다. 형이상학은 존재자의 존재를 묻는다. 학문의 여느 분과처럼 형이상학도 존재자를 대상으로 삼을 뿐이다. 존재자를 대상으로 삼는 학문의 주체가 인간이며 그 매개체가 의식과 언어라는 사실은 하이데거에게 매우 중요하다. 존재자의 존재와 그 본질을 묻는 형이상학의 근본적인 가능조건이 이른바 인간의 실존이 되는 것이다. 인간학적 측면에서 이를 설명해 보면 쉽게 이해가 된다.

인간이 수많은 존재자 가운데 하나에 불과하다는 사실은 분명해 보인다. 그런데 동시에 인간이라는 존재자는 학문을 행하는 생태계의 유일한 존재자이다. 학문이란 세계와 스스로 관계를 맺는 인간의 모든 의식적 활동을 말한다. 하이데거는 지극히 평범해 보이는 이러한 학문적 활동 혹은 학문의 행함이라는 표현에 주목한다. 학문은 존재자를 탐구 대상으로 삼으며 그 의미를 묻는다. 이것이 말하는 바는 인간 실존의 비밀과 밀접히 연계되어 있다. 앞서 언급한 예를 통해 이를 다시 적용해 보자.

산의 본질은 무엇일까? 이 질문을 통해 산이라는 존재자를 있는 그 자체로 묘사하는 일은 가능할까? 당연히 다양한 가능성이 존재할 것이다. 풍부한 지하자원의 보고寶庫로 기록되는 땅으로서의 산은 인간의 이해관계와 직접적으로 맞닿아 있다. 지하자원이라고 불릴 수 있는 것은 채굴성과 유용성을 바탕으로 하기 때문이다. 그러나 산이 생태의 균형을 잡는 중심축이라면 사태가 달라질 수 있다. 산은 다른 존재자와의 전체적이고 유기적 관계 속에서 자신의 존재론적 의미를 갖게 된다. 행여 누군가가 산으로부터 자연의 넉넉함을 지각하게 된다면, 또 다른 의미가 산의 본질로 언급될 것이다.

산의 본질이 우리가 산을 대하는 태도에 따라 매우 다르게 묘사될 수 있다는 사실은 무엇을 의미하는 걸까? 언급된 예들 속에는 공통적인 사실이 감춰져 있다. 학문이 펼쳐 보이려는 존재자 자체의 모습은 그것을 대하는 인간의 실존과 밀접한 관련을 맺고 있다는 사실이다.

세계 내의 모든 존재자는 다른 존재자와의 일정한 관련

하에서만 존재의미를 갖는다. 그 의미를 지각하고 언어로 기록하며 후세에게 전달하는 행위는 인간의 전형적인 특징이다. 이 특징을 바탕으로 하이데거는 존재자의 존재의미를 이해하고 펼쳐내는 유일한 조건이 그것을 대하는 현존재의 태도에 달려 있다는 확신을 얻게 된다. 형이상학을 포함하여 존재자의 본질을 묻는 인간의 학문적 행위는 다음과 같은 사실을 지시하고 있다.

세계 연관이 지향하고 있는 것은 존재자 자체이며, — 그 외에 아무것도 아니다.
모든 태도를 이끌어 나가는 것은 존재자 자체이며, — 그 밖의 아무것도 아니다.
침입에 의해 학술적으로 논의되는 것은 존재자 자체이며, — 그 이상 아무것도 아니다 형이상학, 152쪽.

형이상학은 분명 존재자의 존재근거를 묻는다. 그런데 그에 대한 답변은 전체에 대한 조망을 통해서만 주어질 수 있다. 일정한 대상을 연구하기 위해 인간이 행하는 모든 학문적 활동은 사실 그 대상을 연구하는 것이 아니다. 세계 안에 있는 다른 대상과의 연관성이 특정한 대상을 탐구하도록 이끄는 것이다. 예컨대 암을 연구하는 학자는 유기체 내에서 암세포의 증식 메커니즘을 밝혀내려고 노력한다. 그때서야 비로소 치료 가능성이 생길 수 있기 때문이다.

존재자의 세계 관련은 자연스럽게 그 세계 안으로 침입해 가는 현존재의 태도를 전제하게 된다. 이는 당연한 결과이다. 존재자의 본질을 탐구하는 학문적 활동은 곧 다른 사건이 아닌 바로 '인간이라고 불리는 한 존재자가 존재자 전체로 침입하는 사건'을 의미하기 때문이다. 여기서 하이데거는 약간의 비약을 감행한다. 우리가 현존재에서 발견할 수 있는 것을 제외한다면 존재자의 본질에 대해 말할 수 있는 어떠한 근거도 있을 수 없다는 주장이 그것이다. 전자와 후자가 동일한 내용을 담고 있는지는 검토해 볼 가치가 있다. 하지만 일단 이 문제는 우리의 주제가 아니다. 우리는 후자가 『존재와 시간』의 핵심적인 고갱이를 반영하고 있다는 점을 확인하는 것으로 만족하고자 한다.

존재자의 존재를 탐구하는 형이상학은 나의 현존재를 통

해서만 자신의 과제를 수행할 수 있다. 이것은 세계를 자아로부터 연역하려는 유아론과는 근본적으로 다르다. 하이데거는 존재자 자체가 드러날 수 있는 학문의 가능조건을 말하고 있을 뿐이다. 이때 주의해야 할 사항은 존재가 존재자 자체에 대한 탐구와 직접적으로 연관되어 있다는 사실을 직시하는 데 있다. 자연스럽게 존재를 존재자와 외적으로 분리하고 고찰하였던 전통 형이상학과의 차별성이 여기에서 분명해진다. 하이데거에게 있어서 존재란 존재자 자체를 탐구하는 현존재의 사건을 제외하면 아무것도 아닌 것이다.

여기까지만 봐도 하이데거 사유의 독특함을 충분히 인정할 수 있다. 물론 하이데거의 철학적 상상력은 더 나아간다. 섬세한 감성을 소유한 독자라면 이미 짐작했겠지만, 우리가 존재자의 존재를 탐구하는 과정에서 의도하지 않았던 특별한 사건이 발생하고 있다는 사실을 지적한 것이다. 지금까지 상술한 바에 따르면, 세계 관련과 현존재의 태도 그리고 존재자로의 침입을 통해 학문을 행하는 실존이 거둘 수 있는 성과가 전부인 것처럼 보인다. 학문적 활동을 통해 우리가 알고 있는 존재자의 모든 것이 해명될 수 있다.

그런데 불현듯 우리를 섬뜩하게 하는 어두운 그림자가 우리의 시야를 스쳐간다. 그것도 현존재가 탐구하는 모든 것은 오로지 존재자일 뿐 그 이외에 아무것도 아니라는 사실에 우리가 직면했을 때이다. 학문 활동의 과정에서 밝혀지는 것은 다만 존재자뿐이요, 그 밖에는 아무것도 없는 것이다. 존재자만이 유일하게 우리를 대면하고 있을 뿐 그것을 넘어선 어떤 것도 존재하지 않는다. 존재자를 밝혀내고 해명하려는 노력에서 어떻게 아무것도 아닌 그 무엇이 부수적으로 발생하는 것일까?

부수적이라는 표현은 어쩌면 우리의 고정관념에 기인한 것인지도 모른다. 우리는 통상 의도했던 바와 그 결과만을 두고 판단하는 경향이 있다. 하이데거는 아무것도 아닌 이 현상이 지니고 있는 치명적인 필연성을 직감한다. 존재자의 존재를 불러오기 위해서 아무것도 아닌 현상이 필연적으로 발생한다는 예감 때문일 것이다. 계속 나아가 보자.

일반적으로 '아무것도 아니다'라는 표현이 지닌 무게감은 그리 커 보이지 않는다. 하지만 하이데거에게 이러한 무無의 현상은 우리의 실존을 엄습하는 중대한 존재의 사건으로 간주된다. 존재자 자체를 드러나게 하는 것은 분명 세계 관련과 태도 그리고 존재자를 향한 현존재의 침입이지만, 존재자에 대한 학문적 탐구는 마지막 단계에서 '아무것도 아니다'라는 사건으로 매조지되어야 하기 때문이다. 하이데거는 이를 학문의 무화die Nichtung작용이라고 부른다.

일련의 독자는 하이데거의 언어 사용에 불만을 제기할지도 모른다. 그들의 이해가 일천해서가 아니다. 철학이라는 학문에 오랫동안 발을 담그고 있는 학자들조차 하이데거가 사용하는 언어의 자의自意적 성격을 지적하며 불편한 심기를 감추지 않는다. 무화라는 개념도 빼놓을 수 없다. 심지어 이 단어는 말장난처럼 보이기까지 한다. 그러나 우리가 하이데거를 옹호할 수 있는 근거가 전혀 없는 것은 아니다. 우리는 학문적 탐구뿐만 아니라 일상생활에서조차 수없이 많은 무화현상을 경험하고 있다. 누구에게나 익숙한 예를 들어보자.

연인을 만나기 위해 우리가 미리 약속장소로 정해둔 카페에 급히 들어선다고 가정해 보자. 주말이라 그런지 여느 때보다 많은 사람이 북적되고 있다. 차를 마시며 대화를 나누고 있는 사람들을 헤집으며 우리는 친근한 얼굴을 찾아야만 한다. 연신 주위를 두리번거리던 중 마침내 우리는 연인을 발견하곤 미소를 지으며 다가선다.

별다를 것 없어 보이는 이 일상에서 무엇이 발생하고 있다는 것일까? 섬세한 감성으로 이 과정을 들여다본다면, 이 안에서도 무화작용이 선명하게 자신의 흔적을 남기고 있음을 볼 수 있다. 자신의 연인을 찾기 위해 주위를 살피는 사람에겐 연인을 제외한 다른 사람의 얼굴이 무의 대상으로 전락한다. 역으로 말하면 누군가를 의도적으로 관심 밖에 둘 때만 우리는 자신이 원하는 사람의 얼굴을 알아볼 수 있는 것이다. 이러한 배제 행위가 곧 무화작용의 일상적 형태가 되겠다.

이렇게 놓고 보면, 우리의 모든 의식적 생활은 무화작용의 종류라고 볼 수 있다. 하이데거는 여기서 더 나아가 무화작용이 지니는 존재론적 성격에 주목한다. 우리는 무화의 현상을 아무것도 아닌 것으로 치부해 버릴 수 없다는 것이다. 아무것도 아닌 것이 우리가 의도한 바를 성취할 수 있도록 하는 조건이라면, 그것은 이미 중대한 사건으로 우리 앞에 놓여 있기 때문이다. 하이데거는 묻는다. 도대체 왜 존재자 이외에 아무것도 아닌 것이 발생하는 것일까? 무無란 도대체 무엇일까?

존재자의 존재를 이해하기 위해 무의 현상과 조우하는 일은 필수 불가결해 보인다. 하이데거가 왜 형이상학의 중심부에 무의 현상을 가져다 놓았는지를 이해할 수 있는 대목이다. 하이데거는 여기서 지난 시절의 오류를 반복해서는 안 된다고 강조한다. 전통 형이상학이 존재의 문제를 늘 이러저러한 존재자의 모습으로 환원시켰듯, 그런 식으로 형성된 고정관념은 무의 현상에 직면하여 존재자의 모습만을 떠올릴 수 있기 때문이다.

무란 무엇인가? 이런 물음에 다가가는 그 첫걸음부터 이미 예사롭지 않은 어떤 것이 나타나고 있다. 이 물음에서 우리는 무를 애초부터 이러저러하게 '존재하는' 어떤 것으로서, 즉 존재자로서 설정하고 있다. 그러나 무는 바로 이런 것과는 단적으로 다른 것이다. 무에 대한 물음, 즉 무란 무엇이며 어떻게 존재하는가 하는 물음은 물어지고 있는 것을 그와는 정반대

되는 것으로 바꾸어버린다. 이 물음은 그 자신의 고유한 대상을 자기 자신으로부터 빼앗아버린다 형이상학, 154쪽.

그러므로 무는 새삼스레 학문에 의해 폐기될 필요조차 없다. 흔히 인용되는 사유의 근본규칙 자체가, 즉 모순을 피하라는 원칙이, 다시 말해 일반 '논리학'이 이 물음을 폐기해버린다. 왜냐하면 사유는 본질적으로 언제나 어떤 것에 관해 사유하는 것이므로, 무에 대한 사유는 사유 그 자체의 고유한 본질에 어긋나기 때문이다 형이상학, 155쪽.

무의 현상은 존재자를 탐구 대상으로 삼는 학문적 언어에 의해 붙잡힐 수 없다고 하이데거는 못을 박는다. 우리가 무를 탐구하면 할수록 무의 현상은 우리의 시야를 벗어난다. 가장 엄밀한 학문으로 알려진 논리적 사유조차도 예외가 될 수는 없다. 하이데거의 고민은 바로 여기서 시작된다. 우리의 일반적 사유가 무의 현상을 설명할 수 있는 어떠한 근거도 지니고 있지 않다면, 우리는 어떻게 무의 현상과 마주할 수 있을까?

3) 무를 위한 예비고찰

오랫동안 논리학은 인간적 사고가 성립하고 행위가 일관되게 지켜지기 위한 공리로서 인정되어 왔다. 동일률The Principle of Identity, 모순율The Principle of Contradiction, 배중률The Principle of Excluded Middle은 전통적으로 사유원리의 기본으로 간주된다.

동일률은 'A는 A이다'라는 형식으로 표현된다. 한편 모순율은 '동일한 주장이 참인 동시에 거짓일 수 없다'는 명제이다. 배중률은 '동일한 주장은 참이거나 허위이거나 둘 중 하나이지, 중간일 수 없다'는 의미를 내포한다. 겉으로 볼 때, 지극히 당연해 보이는 이러한 사고의 원칙은 아리스토텔레스 이래로 모든 학문적 판단의 기초가 되었다. 이 가운데 특히 동일률은 철학사에서 특별한 주목을 받는다. 다른 원리들이 실제로는 'A는 A이다'라는 동일률을 근거로 만들어진 활용에 불과하기 때문이다. 동일률이 중요한 이유는 그 안에 특별한 의미가 함축되어 있어서라기보다는, 이 원리를 바탕으로 하지 않으면 어떠한 의미 있는 명제나 판단도 가능하지 않기 때문이다.

모든 사유가 형식적으로 지켜야만 할 동일률이 고대의 시원적 사고와 만나면서 철학사는 오랫동안 자신의 운명을 좌지우지할 강력한 패러다임을 형성하게 된다. 동일자의 철학이 그것이다. 동일자는 현대 철학의 관점에서 보면 말도 많고 탈도 많은 개념이다. 우리의 주제와 직접적으로 관련은 없지만 하이데거의 형이상학을 보다 심도 있게 이해하기 위해서는 반드시 거쳐야 할 코스이다. 동일자의 철학이 어떻게 철학사의 뇌관으로 군림하게 되었는지를 간단히 살펴보자.

앞서 언급하였듯, 전통 형이상학은 변화무쌍한 현상의 세계를 넘어서 불변의 본질을 추구한다. 형이상학은 모든 외적 원인을 걷어차고 스스로가 자신의 원인이 되는 실체를 발견하는 데 불굴의 의지를 발휘한다. 아리스토텔레스, 토마스 아퀴나스, 스피노자, 데카르트, 칸트, 셸링, 피히테, 헤겔 등 쟁쟁한 철학자들의 손을 거치며 실체는 근대까지 지성사에서 최고의 메뉴로 통했다. 그 이면에 동일률에 근거한 동일자의 철학이 놓여 있었던 것이다.

자신은 변화하지 않으면서, 모든 변화의 중심에서 제일원인으로 기능하는 실체(A)는 자신을 다양한 모습(B, C, D, E, …)

으로 변화시키며 세상을 열어간다. 철학의 역사, 혹은 인간의 모든 학문의 역사는 동일자의 변화가 빚어낸 자기 기술의 역사로 간주된다. 그리고 모든 기록과 묘사, 더 나아가 변화의 최종 목적지까지도 동일자가 자신으로 돌아가는 고향으로 이해된다.

고대 그리스 장편 서사시인 오디세이의 모험은 동일자와 관련된 우리의 논의를 형상적으로 잘 보여준다. 오디세이가 트로이 전쟁에 참여하기 위해 고향을 떠나는 장면은 동일자가 다양한 모습으로 자신의 역사를 기술하는 출발점이 된다. 오디세이의 출정은 보는 각도에 따라 우연일 수도 때론 필연일 수도 있다. 그러나 그것이 중요한 것은 아니다. 문제는 오디세이가 자신의 고향을 떠나지 않았다면 철학의 역사 혹은 학문의 역사는 결코 발생할 수 없었을 것이라는 사실에 있다. 동일자가 자신 안에 머물러 있는 동안 세상이라는 이질적인 존재는 그 어떤 경우에도 그 모습을 드러낼 수 없기 때문이다.

최소한 우리가 합리적으로 사고하려고 한다면, 달리 생각할 수 있는 여지가 없다. 오디세이가 전쟁의 영웅이 되는 과정이나, 포세이돈의 노여움으로 말미암아 수년에 걸쳐 바다에 표류하며 기이한 모험을 겪게 되는 에피소드도 실은 모든 인간적 학문이 발생할 수 있기 위한 시공간적 지평에 불과하다. 거친 역경 속에서도 자연적 운명에 굴하지 않고 고향으로 돌아가려는 오디세이의 열정은 동일자가 자신을 찾아 부유하는 논리학의 산물이다. 이만하고 다시 우리의 주제로 돌아와 보자.

형식 논리학은 동일자의 철학을 대변한다. 실체는 다양한 변신을 통해 '있음'의 세계를 풍요롭게 하지만, 어떠한 경우에도 자신의 지평을 떠나지 않는다. 자신으로부터 출발하여 다시 자신으로 돌아가는 과정에서 무의 현상이란 글자 그대로 아무것도 아닐 수밖에 없다. 무를 존재하는 것 일체에 대한 부정이나 단적으로 존재하지 않는 것으로 간주할 수밖에 없는 것은 당연해 보인다. 이유는 간단하다. 동일률에 전적으로 위배되기 때문이다.

그런데 한번쯤은 생각해 볼 일이다. 비록 '있음'의 세계에서 눈에 띄는 자리를 확보할 수는 없다고 하지만 어째서 무의 현상이 우리의 삶에서 발생하는 것일까? 더욱이 동일자의 논리학이 전개되는 과정에서조차 무는 반드시 필요한 약방의 감초로 등장한다. 동일자가 자신으로 돌아가는 과정에서조차 반드시 무의 자리를 배제해야만 하기 때문이다. 우리는 이제 무의 흔적을 마냥 무시할 수만은 없게 되었다.

하이데거는 배제의 형식에서도 '반드시'라는 필연성으로 지각되는 무의 현상에 주목한다. '있음'이 존재하기 위해 반드시 무의 현상이 있어야 한다면, 이 현상을 우리는 어떻게 설명할 수 있는 것일까? 하이데거에게 이 질문은 형이상학이 풀어야 할 근원적 질문으로 보인다. 그런데 논리학이 무의 현상을 배제할 수밖에 없는 운명이기에 무의 현상을 설명하는 사유와 언어는 논리적 형식을 뛰어넘어야 할 것이다. 하이데거는 어떠한 사유형식을 요구하는 것일까?

앞서 언급하였듯, 무의 현상은 인간학적 측면에서 그리 낯선 것이 아니다. 우리에게 익숙하게 구전되는 인간의 본질은 이성의 능력에 있다. 직립보행을 하며 도구를 만들 줄 알았고 언어와 기호를 통해 상징의 세계를 구축한 존재자는 이성을 소유한 덕택에 자신과 자연을 대상화할 수 있게 된다. 이성적 능력을 통해 인간은 자연적 본능으로부터 벗어나는 쾌거를 이룬 것이다.

하지만 이러한 인간적 성과가 단순히 '있음'의 세계에서 진행되었다고 주장한다면, 우리는 우물 안의 개구리 신세를 면하기 어렵다. 인간이 인간으로 실현되는 근원적 조건은 자신의 내부에 공간을 만들고 그곳을 다양한 표상으로 채워 넣을 때이다. 이성의 능력이란 직접적으로 주어진 본능에서 벗어나 자신의 내부를 여는 과정이다. 이것을 달리 표현하면, 인간의 원초적 상태는 아무것도 아니었던 것이다. 무의 세계는 엄밀한 의미에서 인간의 원초적 본질이었음에 틀림없다.

다소 놀라운 결과이다. 이 아무것도 아닌 것의 의미가 논리적으로 존재의 부정에 불과하기 때문에 다룰 만한 가치가 없다거나 우리의 삶에 아무런 영향을 주지 못한다고 생각해서는 안 된다. 그 이유는 한두 가지가 아니다. 단적인 예로 인간적 자유에 대한 사유가 어디서부터 유래하는지를 살펴보자.

이성은 인간에게 자신의 내부를 열 수 있는 힘이지만 그 안을 채울 수 있는 능력이기도 하다. 사회화의 과정은 어떤 의미에서 자신을 정형화된 틀과 질서로 고정시키는 과정이다. 법과 규칙 그리고 다양한 사회적 시스템은 이성의 결과물이다. 이는 분명 인간적 자유가 드러나는 한 측면이다. 사회적 규범과 체계를 통해 자연의 변덕에서 벗어나 인간만의 삶의 영역을 구축했기 때문이다. 한편 사회화는 자유를 질식시키는 주범으로 변질되기도 한다. 물도 고이면 썩듯이, 고착화된 틀은 종종 새로운 변화를 거부하기 마련이다. 이때 이성은 자신의 심장에 비수를 던지기도 한다. 이성의 힘이 정형화된 틀을 벗어나 또 다른 해석의 가능성을 열기 때문이다. 인간이 자유를 말할 수 있는 근거는 정확하게 이러한 이성의 양면성에 근거를 두고 있다. 이성은 인간의 정신을 가두는 감옥의 장소를 제공하기도 하지만, 그 감옥의 담장을 무너트리는 정신의 힘이기도 하다.

인간적 자유에 대한 역사적 이해도 다소 복잡하다. 사회 진보적 관점에서 보면, 인간의 역사는 끊임없이 외적 억압과 굴레로부터 벗어나려는 자유를 향한 투쟁의 역사라고 볼 수 있다. 하지만 자유는 단순히 억압으로부터 벗어나는 수동적 차원만을 말하지는 않는다. 외적 간섭으로부터 벗어나게 되면, 그때부터 우리는 새로운 단계를 준비해야만 한다. 우리 자신이 누구인지를 스스로 정립해야만 하기 때문이다. 자신의 정체성을 향한 정신적 힘이 결여될 때, 힘겹게 얻어진 자유가 쉽게 포기되거나 종종 더 억압적인 굴레로 기능했던 것이다. 이러한 경험이 우리에게 던져주는 교훈을 우리는 무시해서는 안 된다. 자유를 향한 정신의 힘은 그 어느 곳에도 정박되지 않는 무로부터 유래한다고 볼 수 있다. 우리가 일정한 사회적 시스템을 만들 때조차도 자유에 대한 이러한 열린 자세는 반드시 필요하다.

하이데거가 무의 현상을 설명하기 위해 상술한 인간학적 관점을 참조하고 있는지는 확실하지 않다. 그러나 철학적 인간학의 주된 논제인 결핍과 열림 그리고 가능성이라는 인간 이해가 하이데거의 형이상학적 사유에 많은 영향을 주고 있음은 분명해 보인다. 특히 무의 현상을 이해할 때 열린 인간 존재에 대한 철학적 단상은 하이데거에게도 무척이나 중요했을 것이다.

다만 우리는 하이데거의 형이상학이 철학적 인간학이 거둔 그간의 성과를 재확인하는 일로 만족하지 않았다는 사실에 주목할 필요가 있다. 하이데거의 과제는 근원의 학으로서 형이상학의 진정한 역할을 복원하는 데 맞춰져 있다. 그러하기에 하이데거는 근원의 학으로 형이상학이 기존의 철학적 성과를 검증하고 그것이 올바른 토대 위에 서 있는지를 탐구해야 한다고 강조한다. 무의 현상에 대한 존재론적이고 실존론적 해명이 등장하는 근거도 정확하게 이 지점에서이다.

4) 무Nichts가 드러나는 최초의 지점

무의 현상이 발생하고 있다는 사실은 분명해 보인다. 다만 우리는 지금까지 그 현상을 애써 외면하였다. 하이데거는 이러한 비정상을 정상으로 돌려야 한다고 본다. 무를 사유하기 위한 용기가 필요하다고 본 것이다. 하지만 무가 무엇임을 이론적으로 밝히는 작업이 형이상학의 과제는 아니다. 성급한 이론적 시도는 무의 현상을 존재자의 다양한 속성으로 환원시켜 버리는 치명적 오류를 범하게 된다. 전통 형이상학은 이 지점에서 좀 더 인내를 갖고 끈질긴 사유를 유지했어야만 했다.

이론적 정당화를 피하는 대신, 하이데거는 무의 현상 속에 머무는 실존의 모습을 묘사하려고 한다. 이를 위해 하이데거는 무가 '어떻게' 그리고 '어디서' 드러나는지를 확인한다. 그 첫 지점을 존재자의 존재가 드러나는 곳에서 찾는 일은 당연해 보인다. 하이데거는 무가 발생하는 최초의 지점으로 돌아가 그 어색하고 생경한 느낌을 정확하게 지각하고자 한다. 그로부터 하이데거는 무가 지니고 있는 존재론적 의미를 밝히려는 것이다. 무가 발생하는 최초의 지점은 어디일까? 우리는 여기서 하이데거가 애용하는 실존적 표현과 마주하게 된다.

우리가 존재자 전체를 그 자체로 절대로 파악할 수 없듯이, 우리가 어떤 식으로든 전체적으로 드러나 있는 존재자의 한가운데에서 우리 자신을 발견하게 되는 것도 확실하다. 결국 존재자 전체를 그 자체로 파악하는 것과 존재자 전체의 한가운데에 자기 자신이 처해 있다는 것 사이에는 본질적인 차이가 성립한다. 전자는 근본적으로 불가능하다. 그러나 후자는 우리의 터-있음Dasein 안에서 언제나 일어나고 있다. 물론 우리는 일상적인 활동과정에서 그때마다 오직 이 존재자 혹은 저 존재자에 붙들려 있는 듯이 보이고, 또 존재자의 이러저러한 구역에 파묻혀 있는 듯이 보인다. 이렇듯 일상적인 생활이 산산이 분산되어 있는 듯이 보일지라도, 그런 생활은 언제나 ─비록 그림자 같은 형태로 이기는 하지만─ 존재자를 그 전체의 단일함 Einheit des Ganzen 속에서 견지하고 있다. 우리가 사물들이나 혹은 우리 자신에 몰두해 있지 않을 때라도, 아니 오히려 바로 그때야말로 존재자는 '전체적으로'─예를 들면, 본래적인 지루함 Langeweile 속에서─ 우리에게 엄습해 온다 형이상학, 157~158쪽.

인용된 지문은 다양한 존재자와 관계하는 우리의 일상체험을 굉장히 상세히 들여다보고 있다. 우리는 존재자 전체와 어떻게 만나는 것일까? 이 질문은 일차적인 의미에서 학문적이다. 학문이 대상과 마주하고 관찰하는 방식은 그 전체와 관련을 맺는 일이다. 하지만 하이데거는 여기서 인간 학문의 한계를 명확히 한다. 인간의 학문이 정교함과 엄밀함을 동원하여 존재자의 전체를 밝히기 위해 노력한다지만,

그것의 성공 가능성은 애초부터 불가능하다는 것이다. 객관적 자료를 근거로 존재자 전체를 이해할 수 있다는 실증 학문의 약속은 신기루처럼 우리를 유혹할 뿐이다. 그 유혹에 넘어가면 인간의 섣부른 기술력이 자연을 조작하고 왜곡하는 데 맞서 아무런 의식적 저항을 할 수가 없게 된다. 인간이 자연과 맺는 파괴적 방식은 불 보듯 뻔하다.

그럼 우리가 존재자와 맺는 관계는 부분적인 것에 불과한 것인가? 우리는 앞서 이 문제에 대한 하이데거의 견해를 언급하였다. 우리가 존재자에 대해 말할 수 있는 근거란 그 내부로 침입하며 취하는 우리의 태도를 제외하면 아무것도 아닌 것이다. 여기서 우리가 존재자 내부로 침입한다는 표현에 주목해 보자. 비록 우리의 학문적 성찰이 존재자의 전체를 이해하지는 못하지만, 존재자의 내부에 침입함으로써 그 전체와 관련을 맺으며 이해의 근거를 만든다.

양자를 구별할 수 있는 정신의 힘은 매우 중요하다. 전자는 인간 이성의 능동적 성격을 강조하고 그 권력을 신봉하지만, 후자는 인간 의식이 세계와 겹쳐져서 펼쳐지는 존재론적 성격을 말하고 있기 때문이다. 하이데거가 표현하고자 하는 바는 명확해 보인다. 인간의 이성이 휘두르는 권력은 존재자와의 만남을 폭력적으로 재단하지만, 존재자의 존재 안에 들어가 머물고 있는 동안 우리의 삶은 그 존재자의 존재와 하나가 될 수 있는 것이다.

산에 올라가 보자. 우리는 산이 어떠한 모양새를 취하고 있는지를 일반적으로 그려낼 수 있다. 이러한 능력은 교육이나 사회화의 성과물이 아니다. 손가락에 펜을 쥘 수 있는 힘만 생기면 누구나가 익힐 수 있는 삶에 대한 직접적 체험의 결과이다. 그런데 과연 산의 전체를 가장 엄밀한 의미에서 그릴 수 있는 능력이 인간에게 있는 것일까? 산을 그리며 반평생을 보냈던 한 화가에게 이 질문을 직접 던져 보자.

후기 인상주의 학파의 대가 세잔은 고향의 산 생 빅투와르Mont Sainte-Victoire를 그리며 말년을 보낸다. 그것도 한두 점을 그린 것이 아니다. 동일한 산을 대상으로 100여 점에 가까이 세잔은 반복하여 산을 덧칠해 나간다. 산을 있는 그대로의 모습으로 그리려 했던 한 화가의 열정이 빚어낸 결과이다. 그의 그림 실력이 부족해서인지 아니면 계절이 바뀌고 날씨가 변할 때마다 산의 모습이 변했기 때문인지 몰라도 세잔은 자신의 그림에 만족하지 않는다. 세잔이 그토록 그리고자 했던 산의 전체 모습은 대체 무엇이었을까?

우리는 세잔이 산의 전체를 있는 그대로 그려내려고 했다고 생각지 않는다. 그러한 의도였다면 그는 잘못 설정된 과제의 무게에 눌려 숱한 밤을 불면에 시달렸을 것이다. 하지만 언젠가부터 세잔은 산이라는 존재자의 존재 안에 안기며 자신의 그림에 편안함을 느끼지 않았을까. 새벽이슬의 신성함과 생명의 신비로움에 잠기며 세잔은 자신이 산을 그리는 것이 아니라 산이 자신의 손을 통해 스스로를 드러내고 있음을 통찰했을 것이다.

우리가 존재자의 전체와 관계를 맺는 방식은 이성을 통한 외적인 방식이 아니다. 그것은 불가능한 일이다. 존재자의 존재가 우리의 실존을 엄습하는 순간 우리는 존재자의 전체와 관계를 맺게 된다. 하이데거는 이러한 엄습의 순간을 지루함이라는 실존적 감성을 통해 표현해 낸다. 국어사전에 등장하는 권태는 '관심이 없어지고 시들해져서 생기는 싫증이나 게으름'을 지시하고 있다. 권태를 느끼는 자는 일상에 싫증을 내거나 피로감을 느껴 무력해지기 십상이다. 다소 부정적으로 묘사된 감정임에는 틀림없다. 그렇지만 하이데거는 권태로부터 다소 놀라운 존재론적 사건을 경험한다.

이런 지루함은 이 책 혹은 저 연극, 이런 업무 혹은 저런 휴식이 단순히 우리를 지루하게 만드는 것과는 거리가 멀다. 이런 지루함은 자기도 모르게 세상 일이 지루하게(따분하게) 여겨질 즈음에 고개를 내민다. 그 깊은 지루함이 터-있음의 심연 속에서 말 없는 안개처럼 스멀스멀 몰아치면서, 모든 사물들과 인간들을, 그리고 그것들과 함께 자기 자신까지도 모조리 묘한 무관심 속으로 휘몰아버린다. 이런 지루함이 존재자를 전체적으로 드러내 보인다 형이상학, 158쪽.

존재자가 우리의 실존을 통해 전체적으로 드러나는 순간을 하이데거는 현존재의 지루함 혹은 권태로움을 통해 매개시키고 있는 것이다. 존재자의 전체와 개별자의 실존이 묘하게 겹쳐지는 순간이다. 우리가 주의해야 할 점은 여기서 언급되는 지루함이 일상적인 체험보다 훨씬 심오하다는 사실을 직시하는 일이다. 심오하다는 표현은 존재론적이라는 의미이다.

현존재에서 발생하는 지루함은 식상한 연극을 보거나 두꺼운 책을 보며 느끼는 일상의 무료함과는 다르다고 할 수 있다. 하이데거가 언급하는 본래적인 지루함 속에는 나와 세계가 불현듯 각각 하나의 전체로 만나는 시공간이 열려 있다. 이러한 현상은 의식적 기획이나 냉철한 이성적 판단과는 독립적으로 발생하며 불현듯 우리의 실존을 엄습한다. 하이데거가 형이상학의 비밀을 권태와 연결시킨 것은 실존주의 선구자 키르케고르의 영향이 크다. 키르케고르는 절대자의 권태로부터 모든 창조의 근원을 찾는다.

태초에 권태가 있었다. 신은 그 권태를 이기지 못하여 인간을 창조했다. 아담은 홀로 있다는 사실에 권태로웠고, 그 결과 이브가 창조된다. 이 순간부터 세상의 권태가 생겨났고, 인간의 수와 비례하여 늘어만 갔다. 아담은 홀로 권태로웠고, 이브와 둘이 있을 때조차도 권태로웠다. 카인과 아벨이 가족이 된 뒤에도 권태로웠으며, 그렇게 인구가 늘자 모두가 권태로워졌다. 곧 그들은 서로 대화를 나누기 위해, 하늘에 닿을 만큼 높은 탑을 쌓을 생각을 하게 되었지만, 이 생각 자체가 탑만큼이나 엄청난 권태에 불과하였고, 이는 권태가 최후의 승리자라는 사실을 증명해 줄 뿐이었다. 권태는 존재의 본질이자, 곧 생의 본질이기도 하다. 이 권태를 삶에서 몰아내고 잊어버리기 위해, 우리는 쾌락을 추구하며 향락에 도취하고 새로운 변화를 요구하면서 그 방법으로 쾌락의 윤작을 하는 것이다 Kierkegaard, 255.

존재자가 어떻게 창조될 수 있었는지를 신화적으로 설명한 전형적인 형이상학의 언어이다. 절대자는 아무렇지도 않듯 무심히 지나가는 연극에 지루함을 느낀다. 그리곤 무료함으로부터 벗어나기 위해 잔잔한 수면 위에 파장을 만든다. 인간의 탄생이 그것이다. 신의 이미지답게 인간 역시 권태로움으로 인해 새로운 변화를 추구한다. 결국 삶의 유일한 원동력이자 승리자는 권태였던 것이다.

물론 하이데거가 키르케고르의 사유를 고스란히 답습한 것처럼 보이지는 않는다. 그의 언어는 좀 더 우리의 일상생활에 밀착되어 있다. 정확히 표현하면, 실존의 근원적 형태

속에서 권태의 흔적을 찾는다. 저자가 하이데거 수업을 할 때마다 이해를 돕기 위해 사용하는 예가 있다.

하이데거의 철학적 사유에 관심이 많은 학생이나 좋은 성적을 얻으려는 학생에게 전공수업은 중요하다. 당연히 전달되는 내용과 그 내용이 전달되는 방식이 그들의 주된 관심사가 될 것이다. 학생이 얼마만큼 수업에 열정적으로 참여하는가도 중요하지만, 교수자의 지적 능력이 결정적인 역할을 수행한다. 이때 학생과 교수자의 관계는 서로 무언가를 주고받아야 하는 전형적인 도구적 관계로 간주될 수 있다.

우리가 여기서 오해하지 말아야 할 부분이 있다. 바로 '도구적'이라는 개념이 하이데거에게 있어서 전혀 부정적인 뜻이 아니라는 점이다. 그저 '있음'의 세계를 있는 그대로 표현하고 있을 뿐이다. 학생의 실존은 교수자에게 향하고 있으며 교수자의 존재는 학생에게 열려 있는 근원적 방식을 단적으로 묘사하고 있다는 뜻이다. 이를 하이데거는 존재자의 '서로 향하고 있음Zuhandenheit'이라고 부른다. 실존 간의 소통 가능성은 이러한 '서로 향하고 있음'이라는 근원적 방식으로부터 연유한다고 볼 수 있다. 한 인격체가 전체의 부분으로 전락할 수 없는 이유도 여기에 있다.

교수자와 학생이 전적으로 '서로 향하고' 있는 동안 양자는 어떠한 경우에도 서로의 전체를 지각할 수 없다. 의식적 관계의 경계는 부분적 관계를 넘지 않는 선에서 결정된다. 반면 우리는 단순히 적극적인 측면에서 '서로 향하고' 있는 것만은 아니다. 실존한다는 사실은 삶이 무엇을 위해서가 아니라 그 자체가 목적임을 증명하는 과정이기도 하다. 우리는 각자 하나의 전체로 살아가고 있는 셈이다. 그런데 이러한 사태는 어떻게 이해되고 확인될 수 있는 것일까?

사태의 실마리는 약간의 관점 전환만으로도 찾아질 수 있다. 모든 학생이 수업의 내용에 전적으로 관심을 두는 것은 아니라는 사실에 주목해 보자. 마침 졸업 후 전공과 전혀 관련이 없는 직업을 얻기 위해 힘을 쏟고 있는 학생에게 하이데거의 수업은 어렵고 지루한 여정일 뿐이다. 하이데거의 언어를 이해하기도 어렵거니와 철학사를 벗어나면 딱히 우리의 일상에 도움이 되지 않기 때문이다. 일반적인 입문수준을 넘어서야만 한다는 전공 강좌의 요청도 큰 부담이 아닐 수 없다. 그저 가볍게 수업을 듣고 강좌를 이수할 수 있다면, 그것보다 좋은 일은 없다.

여기서 교수자와 학생 간의 관계는 전형적인 '향하고 있음'의 관계로 간주될 수 없다. 종종 교수자는 낯선 자로 느껴지고, 수업 공간 역시 학생에게 익숙한 공간이 될 수 없다. 불현듯 학생은 이 공간에 있는 모든 존재자 간의 '향하고 있음'의 관계로부터 빠져나와 허공에 부유하는 자신을 느끼게 된다. 모두가 수업에 열중하고 있을 때, 이해의 중심에서 벗어난 자신을 느끼는 순간 그는 이방인의 감정을 갖게 되는 것이다. 이때가 개인이 자신의 실존과 마주하게 되는 시점이다. 모든 것이 이질적으로 느껴지는 상태는 모든 것이 권태롭게 느껴지는 순간이며, 자신을 포함한 모든 것이 무의 세계 속으로 슬금슬금 빠져들어 가는 순간이기도 하다.

그런데 아무것도 아닌 것처럼 다가오는 이 느낌, 무가 모든 것을 지배하는 이 근원적 지루함과 함께 놀라운 존재론적 사건이 발생한다. 세계 안의 존재자가 전체의 모습으로 나의 실존을 엄습하기 때문이다. 일상적 지루함이 특정 대상에 대한 식상함으로 비춰지는 반면, 근원적 지루함 속에는 나와 세계가 있는 그대로의 모습으로 드러난다. 무심히 주위를 둘러보고 나와 무관한 존재자들에 그저 낯섦을 느끼는 순간, 나와 세계는 자신의 전체 모습을 단일한 형태로 드러내는 것이다. 이 때문에 하이데거는 지루함이라는 이 섬세한 정서Gestimmtsein와 함께 우리가 존재자의 전체와 마주하게 된다고 주장한다. 달리 표현하면 나의 실존이 '아무것도 아닌 것'에 처해 있을 때 존재자가 자신의 전체를 보여준다는 것이다.

5) 기분의 존재론적 의미

우리는 이제 하이데거의 사유 중에서 가장 이해하기 어려운 개념 가운데 하나인 기분Stimmung이라는 용어를 설명해야만 할 시점에 도달하였다. 상식적으로 보면, 기분 혹은 정서를 이해하지 못하는 사람은 아무도 없다. 기분은 쾌나 불쾌 혹은 아름다움과 추함을 느끼는 정서적 상태이다. 그런데 기분과 함께 무엇이 어쨌단 말일까?

하이데거에게 있어서 기분은 단순한 감성이 아니다. 존재론적으로 이해되기 때문이다. 하이데거에게 있어서 실존의 기분은 무의 현상이 매개되는 시공간이다. 앞서 언급한 지루함은 존재자로 하여금 전체로 드러나게 하는 지평이었다. 잠시 하이데거는 존재자가 자신의 전체를 드러내 보이는 또 다른 가능성으로 사랑하는 사람과 마주하고 있을 때의 기쁨을 언급하기도 한다. 별다른 논평이 이어지지는 않지만, 우리는 사랑이라는 감성이 전체와 전체가 만나서 만들어내는 기적임을 기억해야만 한다. 하이데거는 기분이 지니고 있는 존재론적 의미를 강조하기 위해 상식으로부터 벗어나야 한다고 강조한다.

> 우리가 흔히 느낌이라고 부르는 그것은 우리의 사유행위나 의지행위에 덧없이 스쳐 지나가는 어떤 현상이 아니며, 그런 행위를 야기하는 단순한 충동도 아니고, 또 우리가 이러저러하게 감수해야 할 현실적인 상태만도 아니다 형이상학, 158쪽.

전통 철학의 언어에 익숙한 독자에게 하이데거의 이러한 행보는 못마땅하다 못해 거의 스캔들에 가깝다. 인간과 세계가 만나는 소박한 지점을 확인하기 위해 철학사가 우리에게 알려준 전형적인 통로는 이성과 경험이다. 우리가 대상을 인식할 수 있는지 그리고 그것이 어떻게 가능한지를 탐구했던 기존의 인식론은 각자 자신이 믿는 바에 따라 크게 양분되었고, 큰 변화 없이 오늘에 이르고 있다. 개론적이나마 잠시 요약해 보자.

이성을 강조했던 합리론적 전통이 근대 철학을 화려하게 수놓은 것은 사실이다. 그러나 주체의 철학이 지니는 주관주의적 경향이나 타자를 배제했던 동일자의 한계를 벗어나기는 어려웠다. 반면 우리가 세상과 만나는 첫 번째 관문을 소박한 경험에서 찾았던 철학자들은 실증학문을 이론적으로 정당화하는 데 혁혁한 공을 세운다. 경험론은 당연히 과학기술문명의 전도사로 명성을 날린다. 그럼에도 약점이 없지는 않다. 현대 실증과학의 주춧돌을 놓으며 오늘날 학문의 왕좌를 차지하고 있지만, 경험론은 절대적인 것을 부정하고 모든 것을 상대화시키는 극단적 회의론을 벗어나기 힘들다. 서로 겹쳐질 수 없을 것처럼 보이는 인식의 주관과 대상을 둘러싼 논쟁은 칸트와 함께 서로 교차될 수 있는 가능성을 만든다. 칸트의 인식론은 다양한 지류가 모이고 흩어지는 거대한 인식의 저수지로 통한다.

여기까지가 하이데거 이전의 인식론을 총평한 것이다. 대략적인 것이라 허술한 측면이 없지 않지만, 학문의 근거가 이성과 경험을 벗어난 적은 없었다는 사실을 확인하려는 의도로는 부족하지 않다. 우리가 살고 있는 세계의 성격이 개별 실존의 변덕스러운 기분에 의존한다는 주장이 우리를 당황시킬 수밖에 없는 이유가 여기에 있다.

하이데거는 무슨 생각을 하고 있는 걸까? 우리는 일차적으로 하이데거가 말하는 기분이 이성이나 경험과 구별되는 신비스러운 인지공간으로 간주해서는 안 된다. 이성이나 경험 혹은 어디에서 유래하든 우리의 앎의 구조 속에는 일정한 정서가 선행하고 있다는 사실에 하이데거는 주목한다. 일정한 정서가 동반되지 않는 이성적 판단이나 경험적 지각이 어떻게 가능하겠는가. 그래서 하이데거는 일정한 정서에 사로잡힘을 인간 실존의 지층에서 발생하는 가장 근원적 사건이라고 부르는 것이다.

살아 있다는 사실은 우리가 일정한 정서에 사로잡혀 있음을 의미한다. 행여 우리가 가장 무미건조한 상태에 놓여 있을 때조차도 우리는 일정한 정서에 노출되어 있다는 사실에는 변함이 없다. 그렇기에 하이데거는 정서를 우리의 '사유 행위나 의지행위에 일시적으로 일어나는 수반 현상'이 아니라고 강조하는 것이다. 정서는 실존으로서의 현존재가 자신을 전체적으로 드러내는 존재론적 지평이다.

근대 철학의 상징인 데카르트는 사유로부터 존재를 연역한 바 있다. '나는 생각한다. 그러므로 존재한다'라는 경구는 그의 명함에 꼬리표처럼 붙어 다닌다. 이는 우리의 실존을 자의식을 통해 확인하는 이론적 정당화 과정이다. 그런데 하이데거는 근대의 사유가 존재를 드러내기에는 매우 추상적이라고 주장하는 셈이다. 추상적이라고 표현한 이유는 자의식이 실존을 확인하는 일차적 지표가 아니기 때문이다. 내가 존재하는 한, 그리고 그러한 나의 존재가 세계와 일정한 관계를 맺고 있는 한 나는 일정한 기분에 놓여 있는 것이다.

일정한 정서에 사로잡혀 있음은 우리가 세계와 만나고 있는 가장 근원적인 지점이다. 우리는 여기서 '근원적'이라는 단어에 주목할 필요가 있다. 기분은 단순한 느낌이 아니다. 허함, 포근함, 차가움, 위로, 분노, 절망, 질투, 부러움과 같은 일상적 느낌들은 일정한 대상과 함께 엄습하기도 때로는 소멸하기도 한다. 그러나 근원적 기분은 세계 안에 있는 대상과 연계된 심리적 변화가 아니다. 하이데거의 사유는 심리적 느낌이 발생하기 이전의 단계까지 내려간다. 세계 안의 존재자가 어떻게 개별 실존의 정서에서 단일한 전체의 모습으로 등장하는 것일까? 이 질문은 대상적 느낌들의 가능 근거를 묻고 있다. 느낌이 단순한 심리적 과정을 묘사하고 존재자와 혼연渾然이 되게 한다면, 기분은 세계 안의 존재자로 향함으로써 나와 세계 그리고 타인을 단일한 전체로서 드러나게 하는 것이다.

하이데거의 경우와 완전히 일치하지는 않지만, 기분의 존재론적 성격을 이해할 수 있는 또 다른 예를 실존주의 철학자 사르트르가 제공해 준다. 사르트르는 소설 『구토』에서 기분이 지니고 있는 존재론적 성격을 단적인 예를 통해 묘사하고 있다. 1인칭 주인공 로캉탱은 겉으로 드러난 마로니에 뿌리를 보며 구토를 느낀다. 이러한 기분은 일상적 체험과는 거리가 멀다. 속이 메스꺼운 현상인 구토의 발생은 일반적으로는 혐오스러운 대상과 연결되어 있기 때문이다.

로캉탱의 구토는 분명 나무뿌리에 의해 유발된 것이다. 그런데 그 나무뿌리를 매개로 로캉탱은 세계 안의 존재자가 지닌 치명적 우연성을 지각하게 된다. 어느 것도 반드시 존재해야 할 필연적 이유란 없으며, 자신의 자리를 찾지 못한 채 그저 연명하는 여분의 존재일 뿐임을 지각한 것이다. 나의 실존도 우연적 기분에서 벗어나지 못한다. 세계가 단일한 모습으로 우리의 실존을 엄습하게 된 것이다.

사르트르가 구토를 말하기 이전에 하이데거는 이미 우리가 세계를 단일한 전체로 만나는 첫 지점을 지루함을 통해 확인시킨 바 있다. 일반적으로 우리가 지루함을 느끼는 시점은 정해져 있다. 재미가 없다거나 감동이나 관심의 부재를 표현하는 정서적 형태인 것이다. 반대의 경우는 아마도 흥미롭고 재미있으며 기쁨이 넘치는 상태를 지시할 것이다. 이러한 이유로 지루한 시간은 우리에게 늘 부정적인 이미지로 남아 있게 된다. 지루한 시간은 분명 무언가 의미 있는 것으로 채워져야만 하는 여분의 시간이다. 권태로운 시간이 오래될수록, 그만큼 삶은 무의미하게 지나간다. 다람쥐 쳇바퀴 도는 생활이 반복될 때, 우리는 삶이 무의미하게 지나간다고 느끼는 것이다. 하이데거는 이러한 여분의 시간으로 부터 무엇을 기대하고 있는 것일까?

다시 한 번 정리해 보자. 일반적으로 우리는 어떤 사태나 대상으로부터 지루함을 느낀다. 권태라는 기분은 일면 외부로부터 우리의 내부로 들어오는 것이다. 하지만 권태가 항상 외적인 대상을 원인으로 지니는 것은 아니다. 권태는 내가 관심을 기울여야 할 대상이 부재할 때 찾아오기도 한다. 이 시간이 훨씬 근원적이고 본래적이다. 어떤 것에도 애쓸 필요가 없는 적막한 시간에 갑자기 우리는 근원적 지루함에 사로잡히는 것이다. 이 기분은 어디에서 오는 것일까?

지루함은 우리가 무엇으로 시작해야 할지 모를 때 찾아온 다. 즉 근원적 지루함의 대상은 바로 무無의 현상이다. 이 때문에 본래적 지루함이란 익명적일 수밖에 없다. 그것을 야기한 정해진 대상이란 없다. 아무것도 정해진 것이 없기에 우리는 지루한 것이다. 그런데 이 무의 현상에서 신비로운 사건이 발생한다. 아무것도 정해져 있지 않음이 야기하는 기분으로부터 우리는 자신을 전체의 모습으로 만나게 되는 것이다. 반드시 있어야 할 자리가 아닌 익명성과 관계를 맺어야 하는 자신의 필연성을 떠올리는 것이다. 그뿐이 아니다. 모든 종류의 무관심으로부터 주변 세계가 자신의 전체의 모습으로 드러나는 시간도 이때부터이다. 우리가 단일한 모습으로 드러나는 세상과 조우하는 조건은 오로지 무의 현상과 마주했을 때이다.

무는 어디에서 연유하는 것일까? 하이데거의 형이상학은 이 질문에 대한 답변이다. 본래적 기분이 일정한 대상에 묻혀 있지 않듯, 무는 대상성을 지니지 않는다. 무의 현상이 합리적으로 이해될 수 없는 이유이다. 그러나 무의 체험은 대단히 중요하다. 무의 현상을 체험할 때 비로소 우리는 자신과 세계를 단일한 모습으로 조우할 수 있기 때문이다. 우리가 세계를 인식하고 기록하는 최초의 방식이 바로 무를 체험할 때 비로소 가능하다는 의미이다.

6) 무와 불안

그런데 대상이 없는 무엇을 우리가 어떻게 체험할 수 있단 말인가? 이 질문을 다룰 때 우리는 무가 지니고 있는 형이상학적 성격을 함께 이해하게 될 것이다. 무는 이성을 통해 합리적으로 이해되기 이전에 스스로 자신을 알려온다. 하이데거는 무가 자신을 알려오는 가장 탁월한 정서적 상태를 불안이라고 부른다.

우리가 일반적으로 불안을 느낄 땐, 그럴 만한 이유가 있기 마련이다. 일반적으로 불안은 무엇에 대한 불안이다. 젊은 세대에게는 취업에 대한 불안이 클 것이고, 은퇴한 세대에게는 노후에 있을 경제적 불안 등이 아마도 전형적인 예가 되겠다. 막연한 불안조차 감춰진 원인이 있다는 사실에 우리는 딴죽을 걸 수 없다. 그러나 무가 자신을 알려오는 불안에는 특정한 대상이 없다. 하이데거가 말하는 본래적 불안에는 이유나 원인도 없다. 우리가 불안에 대해 설명할 수 있는 유일한 학문적 방식은 일정한 규정성의 결여가 아니라 애초부터 규정이 불가능하다는 사실에 있다. 이러한 이유로 하이데거는 무가 드러나는 불안의 상태를 다음처럼 묘사한다.

우리는 불안 속에서는 '무엇인가가 누구에게 섬뜩하다(기이하다)'고 말한다. 이 '누구에게'는 무엇을 말하는가? 우리는 누구에게 그 무엇이 섬뜩한지를 말할 수 없다. 그저 전체적으로 그 누구에게 그런 것이다. 일체의 사물과 우리 자신이 어떤 무관심 속에 빠져 버린다. 그러나 이것은 단순히 사라져 버린다는 의미에서 그런 것이 아니라, 도리어 일체의 사물들이 뒤로 물러감으로써 모든 것이 우리를 향하여 다가온다. 불안 속에서 우리에게 엄습해 오는, 존재자 전체의 이러한 뒤로 물러감이 우리를 난감하게 한다. 거기에는 붙잡을 것이란 아무것도 없다. 오직 거기에 남아 있어 우리에게 덮쳐 오는 것이란, 존재자가 쑥 빠져나감으로써 붙잡을 것이 '아무것도 없다'는 사실뿐이다 형이상학, 160쪽.

불안이 우리의 의식 내부에서 어떻게 발생하고 있는지를 기록한 대목이다. 우리가 하이데거의 언어를 완벽하게 이해하기 위해서는 그만큼이나 민감하고 세심한 시선으로 우리 자신의 내부를 바라봐야만 한다. 엄밀하고 주의 깊은 시선은 비단 하이데거의 언어를 이해하기 위한 수단에 국한되지 않는다. 철학적 사유 일반을 이해하기 위해서도 우리에게는 엄밀한 내적 관찰이 필요하다. 사물의 본질을 엄밀한 방식으로 기록했던 형이상학이 가장 이성적인 방식으로 자신의 과제를 수행한 것은 사실이다. 그러나 이성의 합리적 시선을 전부라고 생각하는 자는 형이상학의 언어를 이해할 수 없다. 우리는 합리적 계산을 추동하는 어두운 내적 동인을 찾아 더욱 깊은 의식의 심연으로 내려갈 준비를 해야만 한다.

세잔의 사과를 예로 들어 보자. 평생에 걸쳐 수많은 사과를 그렸던 세잔은 가장 합리적인 방식으로 사과를 그리려고 노력했던 화가로 간주되고 있다. 주변 환경과 주관적 시선에 따라 시시각각 변하는 외관을 그리는 데 만족하지 않고 세잔은 불변하는 사과의 모습을 화폭에 담아내려는 야심찬 계획을 세운다. 전통적인 기법을 무시하면서까지 그가 심혈을 기울여 고안해 내었던 방식은 사과의 모습을 추상화시키는 기법이었다. 사과의 구석구석을 세분화시켜 고유한 입체감을 살리고 거기에 있는 그대로의 색감을 덧칠했던 것이다. 다소 부자연스러워 보였지만 이러한 인위적 분절화를 통해 세잔은 사과의 실재감과 형태감을 완벽하게 재현하는 데 도전할 수 있었던 것이다.

세잔의 화풍은 분명 현대회화에 커다란 영감을 불어 넣었다. 단순히 이론이 아니라 실제의 모습을 가장 엄밀한 시선으로 그릴 수 있는 토대를 만든 것이다. 그러나 이러한 추상적 엄밀함에도 불구하고 사과가 지닌 있는 그대로의 모습을 화폭에 성공적으로 옮겨놓는 것은 결코 쉬운 일이 아니었다.

아마 세잔도 이 같은 사실을 처음부터 인정하였을 것이다. 만약 그렇다면, 세잔은 사과를 완벽하게 재현하려 했다기보다는 오히려 그림을 그리는 인간의 실존적 한계에 도전했다고 보는 게 정확할 것 같다. 반복해서 사과를 그리며 그는 인간이 그림을 통해 표현할 수 있는 마지막 단계에까지 접근했던 것이다. 의식과 대상, 묘사와 실재의 경계선에서 세잔은 과연 무엇을 확인할 수 있었을까? 질문을 우리의 주제에 맞게 다시 설정해 보자. 그림이 표현해 낼 수 없는 존재자의 전체 모습은 과연 무엇일까?

그런데 이 질문도 역시 별다른 의미가 없다. 세계와의 관계에서 본질상 그림을 그릴 수밖에 없는 인간에게 그림의 한계를 지적하는 일은 의미가 없기 때문이다. 그림 너머에 있는 세계의 모습은 그릴 수 있는 성질의 것이 아니다. 더구나 우리가 그림을 통해 도달하게 될 한계나 지목하려고 세잔이 평생에 걸쳐 미친 듯이 사과를 그린 것은 아닐 것이다.

여기서 우리는 보다 생산적인 질문을 던져보려고 한다. 세잔으로 하여금 반복하여 동일한 사과를 그리게 만든 내적 동기가 무엇인지를 묻는 일이다. 하나의 화폭에서 다음 화폭으로 붓을 옮기는 세잔의 마음을 헤아려 보자. 세잔의 심리과정을 따라가며 우리는 불안을 묘사하고 있는 하이데거의 언어와 직면하게 된다. 이전에 세잔에게 친숙했던 그림이 갑자기 아무것도 아닌 것으로 다가온다. 그 순간 세잔은 형용할 수 없는 내면의 섬뜩함을 느낄 것이다. 공들였던 엄밀한 시선과 세심한 손끝을 포함하여 과거의 일체의 정열이 뒷전으로 미끄러지며 세잔은 무엇을 그려야 될지 내적인 공항상태에 놓이게 된다. 이 순간 그에게 남은 것은 '아무것도 없다'는 사실뿐일 것이다. 하이데거는 이 빈자리를 더 세심한 언어로 그려낸다.

우리는 불안 속에서 떠다니고 있다. 좀 더 분명히 말한다면,

불안이 존재자 전체를 쑥 빠져나가게 하기 때문에, 불안이 우리를 표류하게 한다. 바로 거기에는 우리 자신도 —즉 이렇게 존재하는 인간도— 존재자의 한가운데에서 [존재자 전체와] 함께 우리에게서 쑥 빠져나간다는 사실이 있다. 그러므로 근본적으로는 너에게 혹은 나에게 섬뜩한 것이 아니라 그 누구에게 그런 것이다. 아무것도 붙잡을 것이 있을 수 없는 이런 붕 떠 있음이 모든 것을 완전히 뒤흔들어 놓는 가운데 오직 순수한 터-있음만이 아직 거기에 있을 뿐이다 형이상학, 160쪽.

사과를 새롭게 그리기 위해 화폭을 넘나드는 세잔의 마음을 이해하고 있다면, 우리는 세잔과 함께 불안 속에서 둥둥 떠 있는 자신의 모습을 확인하게 된다. 과거 애썼던 삶의 흔적에 마음을 고정시키지 못하고 다른 곳으로 시선을 돌리게 될 때, 우리가 확인할 수 있는 유일한 사실은 우리가 '여기에' 혹은 '거기에' 있다는 것을 제외하면 아무것도 없을 것이다. 이른바 현존재(터-있음)만이 남게 되는 것이다. 이렇게 남겨진 현존재는 과연 무엇일까? 현존재에게 우리가 부과할 수 있는 질적인 내용은 사실 아무것도 없다. 불안에 둥둥 떠 있는 현존재는 오직 무일 뿐이다. 불안과 함께 우리는 아무것도 아닌 존재가 되어 버린 것이다.

질적으로 아무것도 아닌 자가 논리적인 의미에서 대상의 부정은 아니다. 현존재에게 질적인 내용을 부여하지 못한다는 사실이 곧바로 그의 부재를 뜻하는 것은 아니다. 우리는 여기서 우리가 던진 질문이 하이데거에는 성립할 수 없는 질문이었음을 확인하게 된다. 현존재가 '무엇'인지는 애초부터 답변될 수 없는 질문이었던 것이다. 이 질문은 다음처럼 수정되어 물어져야만 한다.

현존재는 누구인가? 불안 속에서 드러나는 무의 현상을 체험하는 현존재는 대상으로 환원될 수 없다. 대상으로 환원될 수 없는 현존재에게 대상적 속성을 묻는 일은 글자 그대로 어불성설語不成說이다. 현존재의 본질이 무라는 사실은 그의 존재론적 지위를 시사하고 있다. 그렇다면 도대체 무란 무엇일까? 이 질문에 대한 답변은 하이데거에게 있어서 형이상학이 무엇인지를 설명하는 열쇠가 된다.

(2) 그 물음에 대한 대답

인간이란 무엇일까? 이 질문과 함께 인간의 본질을 떠올릴 때, 우리는 이미 첫 단추를 잘못 끼우고 있다. 인간은 '무엇'이 아니라 '누구'이기 때문이다. 이 누구를 하이데거는 현존재라고 부른다. 현존재는 항시적인 불안과 함께 무無 속으로 들어가 머물러 있다. 하이데거가 현존재를 무의 자리지기Platzhalter des Nichts라고 표현한 것은 우연이 아니다.

그런데 우리는 여전히 무의 현상에 대해 별로 아는 바가 없다. 무의 현상이 불안과 함께 찾아온다는 사실을 제외하면, 여전히 무의 현상은 우리에게 오리무중이다. 이 문제에 답하기에 앞서 하이데거는 우리가 어디에서부터 출발해야 하는지를 명확히 해 둔다.

우리는 모든 불안에 의하여 우리에게 일어나고 있는 변화, 다시 말해 인간으로 하여금 그의 터-있음에게 다가가게 하는 그런 변화를 뒤좇아 수행함으로써 그 안에서 명백히 밝혀지는 무를 그것이 스스로 알려오는 그대로 파악해야 한다는 것이다. 이와 동시에 무 자체가 직접 스스로 알리고 있지 않은 그런 무의 특징들은 단연코 멀리해야 한다는 요구가 생겨난 다 형이상학, 162쪽.

무의 현상을 이해하기 위해 기존의 지식을 동원하여 성급한 정의正義를 추구하기보다 하이데거는 무가 자신을 스스로 드러내는 바에 따라 기술할 것을 우리에게 요구한다. 무는 실존의 불안 속에서 스스로를 드러낸다는 것이다.

무란 무엇일까? 하이데거는 이 질문을 형이상학이 대답해야 할 근원적 질문으로 간주한다. 앞서 우리는 존재의 문제를 존재자의 이러저러한 성질이나 속성으로 환원해서는 안 된다고 강조한 바 있다. 무의 현상은 존재의 영역에 속하기에 우리는 존재자의 영역에서 해명의 뿌리를 찾아서는 안 되는 것이다.

그렇다고 무의 현상이 대상에 대한 인간의 탁월한 정서만을 뜻하는 것은 아니다. 그렇다면 무는 단순히 아무것도 아닌 것인가? 이 또한 만족스러운 답변이 될 수는 없다. 무의 발생과 그것에 대한 체험은 분명 특별한 것이다. 인간 실존이 지니고 있는 비밀은 그가 무의 현상을 체험할 수 있다는 사실에 놓여 있기 때문이다. 하이데거는 이러한 무의 체험을 무가 스스로 자신을 드러내며 빠지는 무화die Nichtung현상으로 섬세하게 설명한다.

불안에는 …로부터 물러난다ein Zurückweichen vor…는 현상이 일어난다. 이것은 물론 도피가 아니며, 오히려 일종의 사로잡힌 적막함eine gebannte Ruhe이다. 이 …로부터 물러남은 무로부터 시작한다. 무는 어떤 것을 자기에게로 끌어들이지 않는다. 그것은 오히려 본질적으로 거부하는 것이다. 그러나 이러한 자기로부터의 거부는 그 자체 가라앉은 존재자 전체를 쑥 빠져나가게 하면서 가리킨다. 쑥 빠져나가는 존재자 전체를 이렇듯 전체적으로 거부하면서 가리키는 것, 이것이 곧 무의 본질인 무화die Nichtung다. 무는 이런 가리킴으로써 불안 속에서 터–있음에게 엄습해온다. 무화란 존재자를 없애는 것이 아니며 부정에서 유래하는 것도 아니다. 우리는 무화를 없앰이나 부정 속에 포함시켜 생각할 수 없다. 무 스스로가 무화한다 형이상학, 163쪽.

무는 인간 실존 내부에서 스스로를 드러내며 어느 순간 사라진다. 이 드러남과 빠짐 사이에서 하이데거는 인간 실존의 중요한 부분이 감춰져 있음을 발견한다. 그것이 바로 존재자를 그 자체로 받아들이는 현존재의 '열려 있음'이다.

이제야 우리는 왜 하이데거가 무의 현상을 존재자의 영역에서 찾지 않았는지 혹은 찾을 수 없었는지를 이해할 수 있게 된다. 무의 현상은 그릴 수 있는 대상이 아니지만, 존재자를 드러나게 함으로써 스스로 현상한다. 그리고 이러한 무의 현상이 현존재의 열려 있음으로 이어진다. 하이데거가 형이상학의 정점에 무의 현상을 올려놓은 이유가 바로 여기에 있다.

기존의 형이상학이 실존의 본질에 이르지 못한 이유는 그것의 내부에서 발생하는 무의 현상을 단순히 논리적인 부정으로 간주한 데 있었다. 인간 실존과 동반하는 무의 현상을 단지 학문적인 차원에 국한시킴으로써 기존의 형이상학은 인간 실존 자체를 여타의 대상적 존재자와 동일시하는 오류를 범한 것이다. 형이상학의 과제는 무의 현상을 정확하게 기술하는 것으로 모아진다. 이것은 대상화될 수 없는 현존재의 초월성을 복원시키는 과정이기도 하다. 형이상학을 상징하는 초월이라는 개념은 인간 실존과 무관한 신적인 것이 아니며, 무의 현상을 배제하는 '있음'의 정점도 아니다. 하이데거는 형이상학의 중심부에 여전히 초월성을 올려놓지만, 무를 체험하는 현존재의 불안을 통해 그것을 확인하려고 한다.

1) 무의 밝은 밤

무의 체험은 현존재의 본질에 속한다. 무를 체험하는 동안 인간은 비로소 인간으로 태어난다. 모든 생명체는 자기 보존본능으로 살아간다. 본능이 자신을 지배하고 있는 한, 인간 실존이 세계 안의 존재자가 지닌 있는 그대로의 전체 모습과 조우하기란 불가능하다. 인간과 세계가 서로를 이용하고 배제하는 도구적 관계에서 벗어날 수 없기 때문이다.

그러나 인간이 인간인 이유는 따로 있다. 인간은 자연이 부여한 자기보존이라는 직접성에서 벗어나 자신의 내부에서 무의 현상을 체험한다. 하이데거가 즐겨 쓰는 표현에 따르면, 무가 인간의 실존을 매개로 자신을 드러낸다. 무의 현상을 체험함으로써, 우리는 존재자 그 자체의 모습 앞에 서 있게 되는 것이다.

무가 현상하는 과정을 기록하면서 하이데거는 존재자와의 도구적 관계에서 벗어나는 인간의 내적 흔들림에 주목한다. 불안은 공포와는 달리 특정한 대상에 맞춰져 있지 않다. 오히려 대상이 없다는 사실로부터 불안이 우리를 세계 안의 존재자로부터 분리시킨다. 불안이 일체의 존재자를 부정하며 등장하기에 논리적 언어로 부정인 것은 사실이나 우리는 논리학의 이념이 '하나의 보다 더 근원적인 물음의 소용돌이 속에서 스스로 해체'^{형이상학, 167쪽}된다는 사실에 주목해야만 한다. 하이데거는 무의 현상 속에서 존재자 자체의 근원적 '열려 있음'의 모형을 확인한다.

불안이라는 무의 밝은 밤에, '그것은 존재자이지 무가 아니다' 라고 하는, 존재자 그 자체의 근원적인 개시성die ursprüngliche Offenheit des Seienden이 비로소 생겨난다. 우리가 이 대목에서 덧붙여 말한 '(…이지) 무가 아니다'라는 말은 결코 뒤에 추가로 덧붙인 설명이 아니라, 존재가 전체가 드러날 수 있도록 선행적으로 가능하게 하는 것이다. 근원적으로 무화하는 무의 본질은, 그것이(무가) 이제야 비로소 [시원적으로] 터-있음을 존재하는 것 그 자체 앞으로 데려온다는 사실에 있다 형이상학, 163쪽.

하이데거의 언어사용을 이해하지 못할 때, 우리는 위의 지문에 등장하는 '무의 밝은 밤'이라는 역설적 표현에 당황할 수밖에 없다. 무의 본질은 분명 존재자 일체를 부정하는 무화die Nichtung에 있다. 무는 우리와 관련을 맺는 일체의 존재자를 부정하는 불안과 함께 등장하기에 어두운 밤을 연상시킨다. 무에 직면한 사람은 일체의 존재자가 빠져나간다는 사실에 직면하여 허공에 둥둥 떠 있는 느낌에 사로잡히는 것이다. 그런데 왜 이러한 어두운 불안감을 하이데거는 애써 밝은 밤으로 묘사한 것일까?

우리는 여기에서도 무의 무화가 지니고 있는 대상적 속성에서 벗어나야 한다. 하이데거는 무의 무화가 지니고 있는 존재론적 의미에 주목한다. 무화는 단순히 존재자를 제거해 버리는 선에서 그치지 않는다. 만약 무화가 논리적인 의미에서 단순한 부정에 그쳐 버린다면, 무의 밤은 칠흑 같은 어두움일 것이다. 그런데 하이데거는 무의 도래를 어둠으로 가는 통로가 아니라 여명의 순간으로 묘사하고 있는 것이다. 그 이유를 우리는 이미 살펴보았다.

일차적으로 무화는 미끄러져 빠져나가는 존재자 전체를 부정하는 듯 보인다. 이 미끄러져 빠져나감은 그 존재자를 우리 앞에서 낯선 타자로 드러나게 함을 의미한다. 그것의 의미를 생각해 보며 우리는 놀라운 반전을 경험한다. 이것은 존재자가 무화과정을 통해 전체의 모습으로 드러나고 있음을 지시하고 있다. 전체로 드러나는 존재자 앞에서만 우리는 지극히 낯설음을 느낄 수 있는 것이다.

이것은 사소한 사건이 아니다. 존재자 가운데 일원인 우리가 다른 세계 안의 존재자와 도구적 관계에 머무르지 않고 그 존재자의 밖에서 자체의 모습을 바라볼 수 있는 가능성이 열리기 때문이다. 나의 실존이 무엇을 위해서가 아니라 목적 자체로서 존재하듯, 다른 존재자도 목적으로 존재할 수 있는 가능성이 열리는 시점도 이때부터이다. 실존이 존재자와 전체로 만날 때 비로소 그 존재자를 목적으로 인정할 가능성이 발생하기 때문이다.

무의 현상과 그것의 체험은 현존재의 자유로움을 뜻하는 것이기도 하다. 현존재가 무의 무화 안에 머물러 있다는 사실은 현존재가 존재자의 한 축에서 벗어나 그것을 초월할 수 있는 가능성을 제시하고 있다. 존재자 일체가 빠져나가는 불안함이란 근원적 의미에서 초월의 가능성 자체인 것이다. 하이데거는 이러한 이유로 무의 무화를 존재자가 자신의 모습을 드러내는 지평으로 이해하고 있다. 무의 현상을 어두운 밤이 아닌 밝은 밤이라는 역설적 언어로 묘사할 수 이유가 여기에 있다. 이것을 이해하게 되면 이제 우리는 하이데거의 다음과 같은 결론에 당혹함을 느낄 필요가 없게 된다.

터-있음은 무 속으로 들어가 스스로 (머물러) 있으면서sich hineinhaltend 언제나 이미 존재자 전체를 넘어서 있다. 이와 같이 존재자를 넘어서 있는 것을 우리는 초월이라고 부른다. 만일 터-있음이 그의 본질의 근본바탕에서 초월하지 않는다면, 다시 말해 만일 터-있음이 미리 앞서 무 속으로 들어가 스스로 (머물러) 있지 않는다면, 터-있음은 결코 존재자와 관계할 수 없으며, 따라서 자기 자신과도 관계할 수 없을 것이 다 형이상학, 164쪽.

무 속으로 들어가 머물러 있을 수 있는 능력을 하이데거 는 인간 실존의 본질로 간주한다. 초월이 바로 그것이다. 그 동안 우리는 초월을 대단한 정신적 능력으로 간주하곤 했 다. 철학사를 들춰봐도 초월이라는 개념을 사용할 수 있는 권한은 절대자에게나 주어지지 않았던가. 유한한 인간을 초 월적 존재로 부르는 행위는 과거에는 신성모독이었고 현재 에도 인간의 과대망상의 결과물 정도로 여겨질 것이다. 그 런데 무슨 근거로 하이데거는 인간 실존에게 초월성을 부여 하는 것일까?

일차적으로 초월은 무언가를 '넘어선다'는 의미를 지니고 있다. 엄밀한 의미에서 초월이 지시하는 바는 그 이상도 그 이하도 아니다. 일단 인간의 실존이 존재자에 대면하며 전 체적으로 관계를 맺을 수 있다면, 그 또한 초월의 형태로 간 주된다. 하이데거는 분명 이러한 실존의 양상을 초월성과 연계시켰음이 분명해 보인다. 따라서 현존재가 무 속으로 들어가 머물러 있다는 사실만으로 인간 실존의 초월성은 설명이 가능해 보인다. 이것은 인간이 자신과 맺는 관계에도 정확하게 반영된다. 세계 안의 존재자와 전체적으로 대면할 수 있다는 사실은 곧 자신으로만 살아가는 직접성에서 벗어나 자신과 관계를 맺을 수 있음을 의미한다. 무의 근원적 드러남이 인간 실존에게는 곧 자기 자신으로 있음과 동시에 그로부터 거리를 둘 수 있는 자유로움인 것이다.

대단히 지루하고 복잡한 사유의 여정처럼 보이지만, 처음부터 하이데거는 무의 현상에 대해 많은 것을 말한 것이 아니다. 다양한 실존적 맥락에서 드러나는 형태가 달라지고 있을 뿐, 하이데거는 무의 현상에 관해 반복해서 한 가지 사실만을 상기시키고 있다. 무는 대상이 아니며 존재자는 더욱 아니다. 그럼 무란 대체 무엇인가? 무는 자신을 위해 현상하지 않는다. 그렇다고 특정한 존재자를 위한 부수현상도 아니다. 무는 인간 실존이 세계 안의 존재자와 그 자체로 만날 수 있도록 다리를 놓아주며, 그런 점에서 존재자의 존재에 해당한다.

이로부터 우리는 하이데거의 사유가 전통 형이상학과 어

떻게 결별하였는지를 추적할 수 있게 되었고, 그럼에도 여전히 형이상학의 지평 위에 놓여 있다는 사실을 확인하게 된다. 무의 무화는 존재자의 존재에서 발생하는 존재의 사건인 것이다. 무가 단순한 부정이 아닌 이유는 무의 체험을 통해서만 우리는 존재자의 전체에 진입해 가기 때문이다. 이는 존재자의 발견과 인식이 무의 체험을 통해 가능하다는 사실을 의미하는 것이다. 인간 실존의 존재론적 지위도 무의 현상을 통해서만 설명될 수 있다. 인간은 자신과 관계를 맺으며 자신으로 존재하는 생태계의 유일한 존재이다. 하이데거는 '드러나지 않은 불안의 심연에서 현존재가 무 속으로 들어가 있다는 사실이 존재자 전체를 넘어서는 것이며, 곧 초월'_{형이상학, 169쪽} 임을 반복하여 강조한다.

그런데 이 같은 설명에도 불구하고 우리는 여전히 무의 체험을 인간 실존의 본질에서 인정하기가 쉽지만은 않다. 가장 쉬운 반론은 다음과 같을 것이다. 무의 현상이 불안과 연결되어 있고, 또한 그러한 체험을 통해서만 우리가 실존할 수 있으며 존재자와 전체적으로 관계 맺을 수 있다는 주장은 과장된 것은 아닐까? 실제로 하이데거는 이 같은 비난에 시달렸던 것으로 보인다.

일상적 경험이 우리에게 말해주고 있는 바에 따르면 사태는 더욱 난해해진다. 일반적으로 우리 모두는 불안을 경험한다. 가족 여행을 기획하고 있는 사람에게 내일 비가 올지도 모른다는 기상예보는 불안의 대상이다. 중요한 시험을 치른 학생에게 최종 합격 여부는 심히 설레는 일일 것이다. 생활상의 자잘한 경험들은 항상 크고 작은 불안과 연결되어 있기 마련이다. 이 가운데 우리는 어디에서 하이데거가 말하는 본래적 불안을 이해할 수 있는 것일까? 더욱이 본래적 불안의 이해 여부와 상관없이 우리는 일상적 삶을 영위하는 데 아무런 불편함을 느끼지 않는다. 그렇다면 우리는 무의 현상을 전혀 체험하고 있지 않단 말인가?

비난은 꼬리를 물고 더욱 과격해질 수 있다. 우리가 무의 현상을 체험하고 이해하는 데 거의 문외한 수준이지만, 어느 누구도 우리에게 실존을 박탈할 권리는 없다. 아무리 고상한 철학적 통찰에 도달한 자라 할지라도 일반인의 평범한 삶을 비난할 수 있는 권리를 행사할 수는 없을 것이다. 하이데거는 무슨 근거로 불안과 무의 체험을 실존의 본래적 성격으로 규정하고 있는 것일까? 엄밀한 의미에서 하이데거가 주장하고 있는 형이상학적 인간은 소수의 탁월한 정신적 능력을 지닌 엘리트에게만 허락된 특별한 삶의 체험인 것은 아닐까?

강연 이후에 첨부된 「후기」는 이러한 다양한 비난에 대한 답변으로 보인다. 여기서 하이데거는 자신의 저서가 불안의 철학을 옹호한다거나 영웅들만을 위한 엘리트 철학이라는 인상을 심어주려는 의도가 아니었음을 재확인한다. 그의 의도는 오직 철학사에서 오랫동안 잊혀 왔던 존재에 대한 사유를 상기시키고 해명하려는 시도였음을 재차 강조할 따름이다_{형이상학, 181쪽.} 「후기」를 분석하기에 앞서 잠시 이 문제에 대한 약간의 변명을 시도해 보자.

2) 유한한 존재를 위한 형이상학

하이데거에게 있어서 형이상학의 과제는 본래적 불안으로 인한 무의 체험이 어떻게 발생하는지를 추적하는 일에 있다. 형이상학의 의미인 '존재자를 넘어서_{Ta meta physika}'는 불안을 통해 무를 체험하는 현존재의 내부에서 발생하기 때문이다. 하이데거의 사유에 무조건적으로 동의를 한다면 모르겠지만, 그의 주장이 쉽게 납득될 수 있는 것은 아니다.

우리는 언제 그리고 어떻게 무를 체험하게 되는 것일까? 하이데거에겐 근원적 불안이 답이다. 하지만 우리가 항상 근원적 불안에 노출되어 있다는 사실을 어떻게 이해해야만 할까? 불안을 체험하기 위해 우리가 특별히 해야 할 일은 무엇일까? 이 질문에 답하는 것은 하이데거에게 그리 어려워 보이지 않는다. 앞서 언급하였듯, 하이데거는 무를 체험하고 일체의 존재자를 넘어서는 형이상학이 현존재의 내부에서 발생하는 근본적 사건임을 지적한다. 형이상학은 단순히 학문의 한 분과가 아니라 인간의 본성에 속한다는 것이다. 달리 표현해 보면, 인간은 본래부터 형이상학적 존재이다. 이를 이해하기 위해서 우리는 또 다른 매개 개념이 필요하다. 현존재와 실존의 유한성이 그것이다.

드러나지 않은 불안의 심연에서 터-있음은 무 속으로 들어가 있는 것이기 때문에, 인간은 무의 자리를 지키는 자Platzhalter des Nichts가 되지 않을 수 없다. 우리는 우리 스스로의 결심과

의지로써 우리 자신을 근원적으로 무 앞으로 데려갈 수 없을
만큼 그렇게 유한하다. 저마다 자기 안에 지니고 있는 그 뿌
리 깊은 유한성을 우리 마음대로는 도저히 어떻게 할 수 없을
만큼, 그렇게 유한함이 인간 존재(터-있음) 속에 깊이 파묻혀
있다 형이상학, 169쪽.

　하이데거에게 있어서 불안의 발생과 무의 체험은 인간의
유한성과 깊은 연관이 있다. 우리가 굳이 하이데거의 장황
한 설명을 듣지 않아도 인간의 실존이 유한하다는 사실은
두말하면 잔소리이다. 그럼에도 우리는 유한성에 담겨 있는
존재론적 의미에 대해서는 깊이 생각해 보지 않는다. 삶의
유한성은 두려움과 좌절의 대상으로 인지될 뿐이다. 하지만
인간의 유한성에 담긴 적극적 의미를 사유하는 일은 매우
중요하다. 이는 죽음을 극복하기 위한 시도가 아니라, 삶의
의미를 극대화시키기 위한 노력으로 이해될 수 있다. 비록
위의 인용구에서 상세하게 언급하고 있지는 않지만, 이미
하이데거는 『존재와 시간』에서 존재의 문제를 인간 유한성
의 한가운데서 해명하려고 시도한 바 있다. 현존재와 실존,

불안과 무의 체험을 인간의 유한성으로부터 발생하는 존재의 사건으로 해석한 것이다.

형이상학이 존재자가 아닌 존재자의 존재를 다루고 있다면, 이 또한 실존의 유한성과 깊은 관련을 지닐 수밖에 없다. 인간이 죽어야 할 존재가 아니라면, 근원적 불안도 궁극적으로 무의 체험도 처음부터 불가능한 것이다. 도대체 어떻게 인간의 유한성이 무의 체험과 연결되어 형이상학의 초월성을 발생시키는 것일까?

인간이 자연의 우연과 한계에서 벗어날 수 없는 이유는 인간의 실존 역시 자연의 한 조각이라는 사실에 있다. 우리는 모두 일정한 시간을 살아가는 유한한 존재인 것이다. 이 점에 비춰보면 인간의 유한성이 초월이 드러나는 장소라는 하이데거의 주장은 상식적으로 이해하기 쉽지 않아 보인다.

하이데거는 죽음의 본질을 해명하려는 의도를 지니고 있는 것이 아니다. 기존의 형이상학은 이 부분에서 결정적인 오류를 범했다. 일반적으로 죽음이 두려움의 대상이라는 사실은 확실해 보인다. 삶을 존재의 영역에서 다루고, 죽음을 그것의 부정으로 간주하는 학문적 경향은 철학사에서도 예외는 아니었다. 죽음은 삶의 저편에 놓여 있으며 존재의 결함으로 간주되어 찬밥 신세를 면키 어려웠다.

그런데 죽음이 지니고 있는 존재론적 의미에 주목해 본다면, 사정이 달라질 수 있다. 인간에게 시간적으로 한계가 주어져 있다는 사실은 단순한 결함 이상을 의미할 수 있다. 유한성이 지니는 존재의 비밀은 그것과 관계를 맺는 개별 실존의 삶의 태도에 달려 있다. 하이데거는 죽음의 의미를 우리가 그것과 관계를 맺을 때 발생하는 사건이라고 말한다. 죽음과 함께 전개될 수 있는 형이상학은 우리가 그 속으로 침입하며 발생하는 삶의 변화이다. 그 변화의 내용을 잠시 살펴보기로 하자.

죽음은 개별 실존의 생물학적 종말을 뜻한다. 일면 인간도 다른 존재자들과 마찬가지로 우연히 와서 우연히 사라져가는 허망한 존재자에 불과하다. 현존재나 실존이라는 명칭이 그에게 무조건적으로 특별한 지위를 보장하는 것은 아니다. 우리가 특별히 우리 자신에게만 현존재라는 범상치 않은 지위를 보장할 땐, 그럴 만한 근거가 있어야 한다. 그 정당한 근거가 이른바 자기 관계의 의미에 있다. 유한한 시간을 살아가는 실존은 자신의 시간과 관계를 맺으며 자신을 고유한 이야기를 지닌 존재자로 해석한다. 종말의 의미가 그것과 의식적으로 관계를 맺는 개별 실존을 고유한 존재자로 탈바꿈시키는 것이다.

우리는 다른 존재자들과 마찬가지로 일정한 시간을 살아간다. 그런데 단순히 시간을 사는 것이 아니다. 우리는 누구나 그 시간과 관련을 맺으며 산다. 이로부터 우리의 실존은 대상으로부터 벗어나는 의미의 세계로 진입해 들어간다. 죽음은 지극히 개별적인 것이기에 어느 누구도 피할 수 없으며, 누군가가 우리의 죽음을 대신할 수도 없다. 누구나 스스로 지고 가야만 하는 죽음과 이 존재의 무거움이 개별자로 하여금 단 한 번뿐인 인생을 살도록 만드는 것이다.

죽음을 가시권에 두고 있는 사람의 삶의 태도 변화가 이에 대한 전형적인 예를 보여준다. 죽음이 얼마 남지 않았다고 느끼게 되면, 이제부터 시간은 무한한 것이 아니라 일정한 경계에 둘러싸여 우리 앞에 섬뜩한 존재로 등장하게 된다. 시간이 갑자기 섬뜩하게 느껴지는 이유는 바로 이때가 실존이 자신을 전체로서 조망하는 순간이기 때문이다. 각자의 삶이 전체의 모습으로 드러나게 되면, 우리는 그 건너편에 서서 의미를 조망할 수 있게 되는 것이다. 이른바 초월의 가능성이 열린다.

그때 아마도 대부분은 자신이 무엇을 원하는지 그리고 무엇을 해야만 되는지를 고민하게 될 것이다. 이러한 삶의 태도 변화는 계절의 변화처럼 사소한 것도 자연스러운 것도 아니다. 삶의 자연적 보존본능에서 벗어나 전체적 의미를 추구하기 때문이다. 이 의미는 그 누구의 익명적 의미가 아닌 하나밖에 없는 삶의 서사성과 구체적으로 연결되어 있다.

개별 실존이 자신의 삶을 전체적으로 볼 수 있다는 사실로부터 우리는 인간에게만 부과된 인격적 책임을 정당화한다. 책임이란 자연적인 것이 아니다. 책임은 나에게 부과된 존재의 무게를 누구에게도 전가하지 않겠다는 실존적 결단이다. 이 결단이 자연적 보존본능이라는 인과법칙을 넘어서기에 그것은 형이상학적 초월성으로 간주된다. 초월성은 자신의 존재가 곧 소멸될 수 있다는 자각과 함께 극대화된다. 죽음에 이르는 존재인 인간만이 이러한 사실을 자각하고 자신의 전부를 던져 의미 있는 일을 기획할 수 있는 것이다.

하이데거는 기존의 형이상학이 인간의 유한성을 넘어서 초월의 문제를 다뤘다고 비판한다. 하이데거의 사유는 전통 형이상학이 걸었던 길과는 반대 방향으로 향한다. 그는 인간의 죽음으로부터 오는 불안과 무를 발견함으로써 실존의 한가운데서 형이상학의 본질을 찾는다. 형이상학의 역사는 그동안 인간의 본질에 대해 숱한 언어를 만들어 왔다. 신의 이미지에서 시작하여 초인에 이르기까지 인간의 능력은 과대평가되기도 하였고, 유한함으로부터 오는 무력감이 강조될 땐 과소평가의 대상이 되기도 했다. 그러나 어떤 형이상학자도 형이상학의 사유가 인간 실존의 본 모습임을 지적하지는 않았다. 그 첫 단추를 하이데거가 끼웠던 것이다. 유한성과 무의 체험이 여기서 결정적인 역할을 하고 있음은 의심에 여지가 없다.

인간의 터-있음은 그가 무 속으로 들어가-스스로-(머물러)-있을 때에만 존재자와 관계할 수 있다. 존재자를 넘어서는 행위가 터-있음의 본질 속에서 일어난다. 그런데 바로 이러한 넘어섬이 형이상학 자체다. 형이상학이 인간의 본성에 속한다는 사실은 바로 이런 점에서 드러난다. 형이상학은 강단 철학의 한 분과도 아니요. 마음대로 꾸며낸 상상의 나라도 아니다. 형이상학은 터-있음에게서 일어나는 근본사건이다. 그것은 터-있음 자체다. 형이상학의 진리는 이런 심연의 밑바탕에 놓여 있는 것이기 때문에, 그 진리는 언제든지 가장 깊은 오류에 빠질 가능성이 있으며, 이런 가능성을 진리의 가장 가까운 이웃으로 삼기도 하는 것이다. 그러므로 어떤 학문의 엄밀함도 형이상학의 진지함에는 미칠 수 없다. 철학은 결코 학문이 지닌 이념의 척도로는 측정될 수 없다 형이상학, 173쪽.

3) 도대체 왜 존재자는 있고 무無는 없는 것일까?

저서의 「서론」에서 하이데거는 기존 형이상학에 대한 극복이 왜 필요한지를 묻고 답하였다. 전통 형이상학은 존재의 본질을 나름대로 추구해왔다. 눈에 보이는 것에만 집착하였던 실증학문과 비교했을 때, 형이상학의 이러한 행보는 획기적인 것이었고 인간본질을 보이지 않는 영역에서까지 사유하는 데 분명 긍정적 역할을 하였다. 실증 학문이 눈에 보이는 존재자를 주된 연구대상으로 삼아 사물에 대한 관찰과 분석을 행했던 반면, 형이상학은 눈에 보이지 않는 존재의 영역까지 사유의 대상으로 삼을 수 있었던 것이다. 존재자와 존재의 구별은 분명 형이상학의 최대 강점이었다.

하지만 하이데거는 기존 형이상학의 불철저함을 지적한다. 얼핏 형이상학이 실증 학문의 한계를 넘어서고 있는 듯 보이지만, 실은 그 한계를 고스란히 답습하고 있다는 것이다. 기존의 형이상학은 존재를 사유하며 존재자를 대상으로 삼아 그 기원을 추적했을 뿐이다. 이는 실증 학문의 행보를 결코 벗어나지 못한 것이다. 하이데거는 존재의 본질을 추구했던 형이상학이 다시 존재자의 규정성으로 되돌아가는 환원적 구조를 지녔음을 반복하여 지적하고 있다.

하이데거의 과제는 형이상학의 극복이라기보다는 그것을 완성하는 데 있다. 완성은 일상적 의미에서 이론적 완결성을 의미하지 않는다. 형이상학에게 본연의 모습을 돌려주기 위해 하이데거가 우리에게 요구하고 있는 바는 어려운 이론적 사유가 아니다. 그는 우리가 각자 자신의 삶을 정확하게 직시해야만 한다고 강조한다. 형이상학은 존재를 사유하기 위해 애썼지만, 그 존재는 '오직 무 속으로 들어가 머물러 있는 현존재의 초월'^{형이상학, 171쪽} 속에서만 스스로를 드러내 보이기 때문이다.

기존의 형이상학이 존재와 무의 현상을 밖에서부터 안으로 끌고 들어 왔다면, 이제 하이데거는 우리의 삶이 형이상학의 노정에서 움직이고 있음을 강조하고 있다. 애초부터 인간의 실존은 형이상학의 모습과 일치했던 것이다. 본문의 말미에서 하이데거는 다음과 같은 결론에 이른다.

인간이 실존하고 있는 한, 철학함은 어떤 식으로든 일어나기 마련이다. 우리가 필로소피아라고 부르고 있는 바로 이 철학이 형이상학을 움직이게 하는 것이며, 이런 형이상학 안에서 철학은 자기 자신에게 다가가 자신의 명확한 과제에 도달하게 되는 것이다. 철학은 저마다 고유한 실존이 독자적으로 터-있음 전체의 근본 가능성 안으로 진입할 경우에만 일어난다. 이렇게 진입하기 위해서는 다음과 같은 것이 결정적으로 중요하다. 우선 존재자 전체를 위한 공간을 마련할 것, 그다음에 무 속으로 자기 자신을 풀어놓을 것, 다시 말해 누구나 갖고 있는 우상, 누구나 거기로 슬그머니 기어들어가 버리는 그런 우상들로부터 자유로워질 것, 그리고 마지막으로 (불안 속에서) 떠다니며 동요하던 마음으로 인해 다음과 같은 형이상학의 근본 물음을 제기할 수 있도록 그 물음 속으로 깊이 파고들어감으로써 이렇게 동요하던 마음을 완전히 휘저어버릴 것 등이 바로 그것이다 형이상학, 174쪽.

인간이 살아가는 근본적 방식과 철학적 사유를 동일선상에서 바라보는 일은 하이데거만이 감행할 수 있는 기획이다. 자신의 내면을 가장 섬세한 시선으로 관찰하고 기록할 수 있는 자만이 시도할 수 있는 자신감이기도 하다. 지금까지의 논의를 다시 한 번 정리해 보자.

하이데거가 염두에 두고 있는 형이상학의 주된 주제는 존재이고, 우리는 아직 그것이 정확하게 무엇인지 모른다. 우리가 늘 마주하고 보는 대상은 존재자일 뿐이다. 따라서 존재 문제를 탐구하기 위해선 필연적으로 존재자를 매개로 삼아야 한다. 그러나 어디까지나 매개라는 사실을 우리는 주목해야 한다. 존재와 존재자 사이의 간극이 메워지고 양자

의 차이가 망각되면, 형이상학이라는 배는 풍랑에 좌초하고
만다.

불행히도 우리의 일상생활은 이렇게 존재가 망각으로 사
라지는 시간의 연속이다. 하이데거는 학문의 세계에서도 우
리가 거대한 '있음'의 세계라는 우상에 빠져 허우적대고 있
다고 지적한다. 결과적으로 우리는 무가 함께 드러나는 전
체 삶의 모습을 외면하며 사는 것이다. 하지만 하이데거는
묻는다. "정말 아무것도 아닌 것이 아무것도 아닌 걸까?" "왜
무에 대한 질문이 형이상학적 물음이 되는 것일까?" 이에 대
한 답변은 명확하다. 무의 현상이 형이상학의 본질인 이유
는 그것이 바로 '있음'의 근원이 될 수 있기 때문이다.

하이데거는 실증 학문의 한계를 명확히 지적한다. '있음'
을 있게끔 만들어 준 것이 무인데, 현대 실증 학문은 그것을
아무것도 아닌 것으로 간주하여 자신의 근원을 잃어버린 것
이다. 자신의 유래를 상실하고 거기서 떨어져 나와 분리된
학문은 반쪽짜리 진리일 수밖에 없다. 여기서 말하는 근원
은 전통 형이상학자들이 말하는 본질로서의 근원이 아니라,
자기 자신으로부터 유래하는 그 무엇이다. 자기 자신으로부

터 밀고 올라오는 자기가 아닌 근원, 그것은 곧 '차이'의 드러남이다.

존재와 존재자 사이에 놓여 있는 차이란 무엇일까? 이 질문에는 다소 오해의 여지가 있다. 존재와 존재자 사이의 차이가 있는 것이 아니라, 차이가 곧 존재이기 때문이다. 달리 말해서 존재가 존재자의 발생조건인 이유는 존재가 곧 차이이기 때문이다. 존재를 무와 동일시할 수 있는 근거가 바로 여기에 있다. 차이가 발생했을 때 모든 존재자의 의미가 세계의 관련성으로 들어온다. 지루함, 권태, 낯섦, 불안 등은 존재가 곧 차이임을 확인해 주는 실존적 정서들이다. 이러한 실존적 정서들은 대단히 낯설고 종종 우리가 딛고 있는 현실적 기반을 붕괴시키기도 한다. 그러나 우리가 이러한 낯선 정서들을 회피하지 않고 과감하게 마주할 때, 우리는 자신의 실존과 관련을 맺으며 초월적 존재자로 탈바꿈하게 된다. 실존이 현존재인 이유는 오로지 실존만이 자신의 내부에서 차이를 확인할 수 있기 때문이다. 이것은 직접적인 삶의 본능으로부터 벗어나 인간적 삶의 여유를 찾아가는 과정이기도 하다. 하이데거는 다음처럼 확인한다.

불안은 거기에 있다. 그것은 단지 잠들어 있을 뿐이다. 불안
의 숨소리는 터-있음을 통해 끊임없이 울려 퍼진다. 겁 많은
사람에게 그 소리는 가장 나지막이 떨릴 것이며, 분주히 일에
몰두한 채 그건 그렇고 저건 아니라고 소란하게 떠드는 사람
에게는 거의 들리지 않을 것이다. 자제하는 사람에게 [불안의
숨소리는] 가장 쉽게 떨릴 것이며, 아주 모험적인 사람에게는
가장 확실하게 떨릴 것이다. 그렇지만 이 마지막 경우는 오직
그가 인간존재의 궁극적인 위대함을 간직하고자 스스로를
아낌없이 소모하는 그 목적으로 말미암아 생기는 것이다 형이
상학, 168쪽.

인간의 실존이 다른 존재자와 다른 이유가 바로 여기에
있다. 인간의 실존은 자신의 내부에서 차이, 즉 무를 발견한
다. 그러한 체험을 통해 우리는 자신에 도달한다. 무의 현상
은 형이상학이며 그 근원이 우리의 내부 세계와 일치한다
는 의미이다. 인간은 자신의 내부에서 무를 확인할 수 있는
유일한 존재자이다. 하이데거의 언어로 표현해 보면, 인간
은 존재에 대해 물음을 던질 수 있는 유일한 존재자인 것이

다. 인간은 존재하면서 늘 자신의 존재를 문제 삼을 수 있는 존재자라는 뜻이다. 인간에게는 분명히 자신의 존재에 대해 의문을 던질 능력이 있고, 그 답변은 삶의 의미로 전환되기에 인간의 실존은 대상으로 전락될 수 없게 된다.

무는 이미 우리의 실존 안으로 들어와 있다. 무와 과감하게 마주설지 혹은 부정하고 외면할지는 개인의 자유로운 선택의 문제일 수 있다. 그러나 자신의 존재를 망각한 대가는 결코 작지 않다. 심각한 정신적 빈곤함을 피할 수 없기 때문이다. 하이데거는 현대 사회의 정신적 위기를 이러한 무의 망각에서 찾는다. 무는 우리 자신 안에서 끊임없이 자신을 부르는 존재의 목소리이다. 하이데거의 무의 존재론을 이해할 수 있는 유일한 통로가 우리 자신을 이해하는 것일 수밖에 없는 이유이다.

무는 '있음'의 반대가 아니라 실존을 통해 현상한다. 무를 불러오는 실존이란 무엇인가? 우리는 앞서 세계와 마주하는 실존의 모습을 불안과 권태라는 정서적 측면에 비춰본 바 있다. 실존이란 곧 세계 내에서 일정한 태도를 취하는 현존재이다. 이러한 태도의 발생조건이 이른바 정서라는 존재론적 사건인 것이다. 불안은 일정한 대상에 대한 공포와는 달리 대상적 규정성을 갖지 않는다. 불안은 어떠한 언어로도 포착될 수 없다. 다만 유한한 실존과 함께 드러날 뿐이다. 어떻게 드러나는 것일까?

불안은 눈에 보이는 대상이 아니라 근원적인 사건이다. 불안은 다른 존재자들처럼 자신에게조차 무관심함으로써 현실적 지평을 상실하는 실존적 정서이다. 그러나 이 상실은 상식적인 의미에서 단순한 잃어버림이 아니다. 자신이 정박된 특정한 공간을 잃어버릴 때, 실존은 오직 자신으로만 '지금' 그리고 '여기'에 있음을 느끼는 역설을 경험한다. 자신의 열려 있음을 느끼며 그로부터 주어진 삶을 과제와 책임으로 전환시키기도 한다. 불안을 통해 드러나는 무의 세계는 일상적 체험과 함께 발생하지만, 다양한 이론적 세계에 의해 구성되는 이차적 경험보다 훨씬 근원적이다. 전통 형이상학의 존재론, 즉 무가 배제된 '있음'의 세계 보다 더 현실적인 것이다.

현대인은 정신적 여백의 부재로 고통받고 있다. 이는 호모 사피엔스에 대한 호모 파버Homo faber(기술적 인간)의 승리와 무관하지 않다. 현대 사회는 끊임없이 개별 실존과 세계를 눈에 보이는 이미지로 채울 것을 요구하고 있다. 인간의 실존이 빈틈을 허용하지 않는 존재자의 세계 속에 갇혀 버리게 된 것이다.

이러한 '여백 없음'이 혹은 '움직일 수 없음'이 존재자들 상호 간의 관계에 치명적인 상처를 남긴다. 여백이 없는 '있음'의 세계란 상처뿐인 세계가 되는 셈이다. 이러한 맥락에서 하이데거는 무가 지니고 있는 인간적 성격을 말하려는 것이다. 무를 말하는 언어는 대상에 대한 규정적 성격을 갖지는 않는다. 무의 언어가 곧 '있음'의 세계에 대한 물음이자 우리의 실존적 정서 자체이기 때문이다.

우리는 일상적 언어의 벽을 넘어 더 근원적 차원에서 실존적 정서를 이해해야만 한다. 불안은 한 치의 빈틈도 없는 '있음'의 세계에서 '움직임'의 여유를 요구하는 실존의 목소리와도 같다. 항상 무언가를 채워야만 가치가 있다고 믿는 실증 학문은 이러한 여백의 세계를 글자 그대로 아무것도 아닌 것으로 취급하여 버렸다. 하지만 무가 아무것도 아닌 것으로 여겨지는 곳에서도 우리의 실존은 끊임없이 근원적

꿈틀거림을 경험할 수밖에 없다. 우리 자신의 가장 깊숙한 곳에 위치한 여백으로부터 올라오는 인격적 서사성의 외침이 그것이다. 자신만의 고유한 이야기를 요구하는 목소리는 분명 개별 실존의 목소리이지만, 무엇이 아닌 무로부터 오는 목소리이다. 그 목소리를 들을 수 있을 때, 비로소 우리는 자신에 대해 이야기할 수 있는 정신적 여유를 갖게 된다.

무는 관찰할 수 있는 존재자도, 우리 눈앞에 드러나는 사태도, 존재에 대한 막연한 부정도 아니다. 오히려 우리는 무를 통해 존재의 의미에 이르는 길을 찾고, 시간을 초월의 영역으로 되돌려 놓는다. 무는 유한한 세계 안의 존재자 전체를 자신으로 끌어당기지 않고, 또한 존재자 전체를 부정하지도 않으면서 스스로 자신을 드러낸다. 즉 실존 자체가 무를 드러낸다. 그 사태를 하이데거는 근원적 불안이라는 개념을 통해 설명한 것이다.

불안은 실존이 자신에 대해 던지는 물음과 실질적으로 구별되지 않는다. 불안과 물음은 동시에 발생하는 것이다. 이 사실은 사람들의 주의를 끌지 못했다. 심지어 하이데거조차도 자신의 존재에 대한 물음이 곧 근원적 불안이라는 사실을 지적하지는 못하였다. 하지만 우리는 분명 물음으로부터 형이상학의 역사가 시작되었다는 사실을 안다. 물음은 어디로부터 오는 것일까?

불안이 자신과 세계에 대한 물음으로 이어졌다는 표현이 일반적이다. 그러나 이는 논리적으로 무한역행의 딜레마를 낳을 뿐이다. 오히려 물음이란 불안이 우리 내부로부터 우리에게 무엇인가를 끊임없이 말하고 있기 때문에 발생한다는 표현이 더 설득력이 있다. 물음과 불안은 한 뿌리에서 자라난 인간 실존의 근본 방식인 것이다. 물음은 실존의 내부에서 올라오는 불안임과 동시에 무의 체험인 것이다.

무는 우리의 실존과 늘 동행하고 있다. 다만 우리가 그것을 지각하지 못하고 있을 뿐이다. 무는 일정한 '있음'의 세계에 고정된 우리의 삶에 균열을 내고, 그를 통해 우리를 '살아 있음'의 시간과 공간으로 데려간다. 이것을 달리 표현해 보면, 우리 마음을 움직이며 사건이나 존재자와 관련을 맺게 하고 일정한 느낌으로 살아가는 삶은 무로부터 오는 것이다.

'있음'의 세계는 일반적으로 자연적으로 고정된 세계이며 냉정한 질서에 맞춰 법칙처럼 짜여 있는 부동의 세계다. 자연은 정해진 '있음'의 세계를 부정하지 않는다. 무관심과 냉정함만이 자연의 질서를 유지할 뿐이다. 우리는 그러한 자연의 세계에 적응하며 살고 있으며, 자연적 질서에 역행하며 사는 것을 부당하게 여긴다. 그러나 그것이 인간적 세계의 전부는 아니다. 우리의 실존은 수시로 무를 체험하며, 자연의 무관심을 깨는 내적 균열에 반응한다. 무의 체험은 자연적 질서로 닫힌 체계를 열고 우리의 삶을 무한한 가능성의 세계로 이끌어간다. 이것을 하이데거는 실존이 지니고 있는 본래성의 회복으로 표현하기도 한다.

3. 후기(1943)

1943년에 쓰인 「후기」에서 하이데거는 자신의 강연이 경향적으로 형이상학의 극복에 맞춰져 있었음을 다시 한 번 고백한다. 이것은 저서의 제목이 이미 가리키고 있는 바이기도 하다. 형이상학이 무엇인지를 묻는 일은 이미 그 대상을 넘어서는 작업이라는 것이다. 이는 당연한 결과이다. 우리의 삶이 곧 철학이자 형이상학이라면, 그것을 묻는 작업은 자신의 삶을 반성하고 넘어서는 과정이기 때문이다.

형이상학이라는 대상을 넘어 그 존재 근거를 묻는 일이 이른바 형이상학적 사유의 전개과정이다. 기존의 형이상학은 자신 안에 숨겨진 자기부정의 과정을 무시하고 존재자의 규정성에 머무르면서 존재의 망각에 빠져버린다. 형이상학이란 무엇인지를 묻는 언어는 결국 다음과 같은 과제를 안고 있다고 하이데거는 말한다.

형이상학이란 무엇인가라는 물음은 형이상학을 넘어서 묻고 있다. 그 물음은 이미 형이상학을 극복해낸 그런 사유에서 발원해 나온다. 이렇게 넘어서는 물음과정의 본질에는, 일정한 한계 안에서 여전히 이런 과정이 극복해내고자 하는 그것(형이상학)의 언어로 말해야 한다는 점이 속해 있다 형이상학, 175쪽.

형이상학의 극복을 표현하는 언어는 형이상학적이면서 동시에 형이상학의 근거를 묻기에 형이상학을 넘어서는 이중적 성격을 띠게 된다. 형이상학이 사용했던 기존의 언어는 우리에게 이미 잘 알려진 존재자의 대상성을 탐구한다. 계산적이며 분석적 언어가 주류를 이룬다. 문제는 형이상학을 극복하는 언어이다. 존재자의 존재를 묻는 언어는 어떠한 언어일까? 우리에게 익숙한 대상적 언어를 넘어 존재를 사유하는 언어란 대체 무엇일까?

앞서 우리는 본문을 해설하며 하이데거의 형이상학적 언어가 대단히 실존적임을 강조한 바 있다. 불안과 무를 체험하는 과정을 기술하며 하이데거는 가장 엄밀한 방식으로 실존의 내면을 기록하기도 한다. 「후기」에서 우리는 하이데거가 전통적 의미의 철학을 포기하고 새로운 언어사용에 도전하고 있음을 볼 수 있다. 물론 '새롭다'는 표현은 다소 과장일 수도 있다. 해 아래 새로운 것은 없기 마련이다. 「후기」가 「본론」과 약간의 차별성을 갖는다면, 그것은 존재자의 존재를 사유하는 가장 적합한 언어를 고민한 흔적에 있다.

여기서 하이데거는 독일 고전철학의 대표 주자인 셸링의 형이상학적 언어에 시선을 돌린다. 기존의 논리학으로는 절대자가 지닌 모순적 성격을 절대로 이해할 수 없다고 확신한 셸링은 전통 철학의 개념적이고 논리적인 언어에 선을 굿고 문학적 언어로 급선회한 바 있다. 형식 논리학이 무의 현상을 적절히 해명할 수 없다고 판단한 하이데거의 사유와 묘하게 일치하는 부분이다. 엄밀한 논리적 언어를 포기하고 시적 묘사에 주목한 결과는 엄밀한 철학적 사유를 중요시 여기는 대중의 비난을 피할 수 없었다. 셸링 역시 자신의 철학적 커리어에 치명적 타격을 입는다. '철학은 셸링과 더불어 종말을 고하고 시가 시작'된다는 하이네의 비아냥거림이 이를 잘 대변해 주고 있다.

하이데거가 셸링의 철학에 지대한 관심을 보였다는 사실은 그의 강의록과 저서를 통해 볼 때 의심의 여지가 없다. 존재에서 본질로 그리고 개념으로 이어지는 정신의 논리를 해명하는 데 탁월한 능력을 발휘했던 헤겔에게는 지나친 찬사를 보였지만, 감성적 통찰을 강조했던 셸링에게는 다소 박한 평가를 내렸던 기존의 철학사에 하이데거가 상당한 불만을 지니고 있었다는 사실은 분명해 보인다.

우리는 하이데거가 셸링의 형이상학을 고스란히 답습하고 있다고 말하는 것이 아니다. 하이데거의 형이상학적 언어가 셸링과 유사하게 감성적 직관을 통해 존재의 영역을 인간적 삶과 연결시키려 하고 있다고 주장할 따름이다. 이와 같은 이유로 하이데거의 언어는 대단히 난해하고 신비스럽게 변해간다. 당연히 세간의 비난이 쏟아졌을 것이며, 하이데거가 보기에 그중 상당수는 아마도 오해의 결과이지 않았을까. 「후기」는 이러한 오해를 덜기 위해 첨부되었을 가능성이 크다.

1) 세간의 오해로부터 벗어나기

앞선 서론과 본론에서는 불안과 무의 체험이 존재를 사유하는 주된 언어로 등장하였다. 존재는 스스로 드러난다. 존재는 자기 자신 안에만 머물러 있는 것이 아니라, 끊임없이 자신의 밖으로 나와 현상하고 있다. 문제는 '어떻게'라는 질문에 답하는 것이다. 존재는 자신을 스스로 드러내는 데 있어서 인간의 의식, 이른바 실존을 매개로 현상한다. 하이데거의 주저 『존재와 시간』은 정확하게 이 사태를 적극적으로 기술하고 있는 책이다.

『형이상학이란 무엇인가』도 집필된 시기로 비춰 봤을 때 『존재와 시간』의 연장선에서 진행되고 있다고 봐도 무방하다. 인간이라는 존재자는 일개의 존재자에 불과하지만, 존재 사건이 일어나는 자연의 유일한 존재자이기 때문에 '현존재'라는 자격을 취하게 된 것이다. 존재와 직접적으로 연결된 현존재의 고유한 특성이 곧 불안과 무의 체험이다.

그런데 실존의 내부에서 발생하는 무의 현상과 적극적으로 대면하라는 하이데거의 요구는 많은 대중적 저항을 야기했던 것으로 보인다. 『존재와 시간』이 이미 유명세를 타고 있었다고 하지만 여전히 대중적으로 이해되기에는 난해한 사유논리로 남아 있었다. 여기에 무의 체험이라는 낯선 언어가 덧붙여지며 대중의 이해는 하이데거의 본래 의도와는 더욱 멀어지는 방향으로 진행되지 않았을까. 어쨌든 하이데거는 세간에 떠도는 자신에 대한 세 종류의 오해를 직접 거론하며 이에 대해 적극적으로 대처한다.

첫째, 하이데거의 형이상학을 새로운 종류의 허무주의로 간주하려는 경향이다. 무를 체험하라는 말은 삶을 적극적으로 만들어간다는 능동적 의지보다 무언가를 내려놓거나 생의 무가치함을 역설하는 대중적 이해를 연출하기 마련이다. 둘째, 하이데거가 말하는 근원적 불안이 삶의 의지를 상실한 비겁자의 정서적 결함 정도로 취급되고 있다는 지적이다. 셋째, 전통적으로 철학의 언어로 간주되어 왔던 개념적 사유, 이른바 논리적 사유의 저항이 되겠다.

앞서 언급하였듯, 하이데거는 논리학의 언어를 넘어서 감성적 직관을 통한 존재의 세계에 눈을 돌려야 한다고 강조한다. 이는 경우에 따라서 이성적 사유에 대한 명백한 거부로 여겨질 수 있다. 또한 엄격한 사유를 변덕스러운 기분에 넘겨버리는 치명적 오류에 빠질 수 있다는 지적도 하이데거에게는 마냥 무시할 수 없는 논평이었을 것이다.

먼저 하이데거는 무의 현상과 관련하여 서론과 본론의 핵심을 다시 한 번 요약하는 것으로 해명을 시도한다. 무의 체험은 존재자의 부정이 아니라, 존재자를 존재자로 드러내게 하는 존재의 사건이라는 것이다. 그의 요약은 이전보다 간단하고 명료하다.

모든 존재자와 단적으로 다른 이것은 비존재자이다. 그렇지만 이러한 무는 존재로서 본원적으로 있다. 그런데 만일 우리가 이 무를 값싼 설명으로 아무것도 아닌 것으로 간주하고 본질이 없는 것과 동일시한다면, 우리는 너무도 성급히 사유를 포기해 버리는 셈이 된다. 속이 텅 빈 예리함의 신속함에 넘어가 수수께끼 같은 무의 다의성을 내던지는 대신에, 우리는 모든 존재자에게 존재하도록 베풀어 주는 그것의 광대함을 무에서 경험하려는 채비를 꼭 갖추어야 한다. 그것은 곧 존재 자체다. 존재가 없다면 모든 존재자는 존재상실 속에 머물게 될 것이다. 그리고 이 존재의 심연에 간직된 채 아직도 채 펼쳐지지 않은 본질이 우리에게 본질적인 불안 속에서 무를 보내고 있는 것이다 형이상학, 178~179쪽.

가장 중요한 것은 역시 무의 현상에 대한 통속적 오해로부터 벗어나는 일이다. 먼저 하이데거는 실존에서 무의 존재론적 지위를 강조하는 일이 허무주의와는 아무런 관련이 없다고 강조한다. 무의 현상은 존재자를 비존재로 만드는 것이 아니라, 존재자에게 발생하여 그것의 존재를 드러낸다는 것이다. 우리의 실존에게 일정한 존재자가 등장하기 위해서도 그것을 발견하고 해석할 수 있는 우리의 내적 공간이 필요하다. 공간적 여유와 시간적 열려 있음은 무의 체험과 함께 열리는 존재의 세계인 것이다.

하이데거는 불안에 대해서도 세간의 평가가 지극히 편협할 뿐이라고 일축한다. 실존을 사로잡는 근원적 불안은 단순히 억압된 기분이나 노이로제가 아니다. 불안에 사로잡힌 실존에게 존재의 목소리가 울려 퍼지는 마법이 일어나기 때문이다. 오직 인간만이 정박된 현실 위로 둥둥 떠다니며 이러한 기적을 경험할 수 있다. 존재자가 존재한다는 사실은 일차적이고 근원적인 경험이며, 곧 불안을 맞이하는 가장 인간적 체험이다.

불안에 대한 마음의 준비Inständigkeit는, 오직 인간의 본질을 요구하는 그 최상의 요구를 충족시키기 위해 내존해 있으려는 긍정적 태도다. 모든 존재자들 가운데에서 오직 인간만이 유일하게 존재의 소리에 부름을 받아, 모든 경이로움 중의 최고의 경이로움인 '존재자가 존재한다'는 그런 경이로움을 경험한다. 따라서 자신의 본질에 있어 존재의 진리에 다가가도록 부름을 받은 자는 언제나 어떤 본질적인 방식으로 사로잡혀gestimmt 있는 것이다. 본질적인 불안에 대한 해맑은 용기는

존재의 경험이라는 그 비밀스러운 가능성을 보장해준다. 왜
냐하면 심연에서 소스라치는 본질적인 불안 가까이에는 수
줍음Scheu이 살고 있기 때문이다 형이상학, 180쪽.

무의 현상을 체험하라는 요구가 학문의 근간인 논리학에
위배된다는 지적도 하이데거에게는 다소 실망스러운 논평
에 불과하다. 자신의 생각이 정확하게 전달되지 못한 결과
이기 때문일 것이다. 논리학이 분명 가장 엄격한 인간 사유
의 본질에 속하는 것은 사실이지만, 논리학이 인간적 삶을
전부 설명할 수는 없다. 존재에 대한 사유는 존재자의 근거
를 묻는 것이며, 이것은 다시 논리학의 근거로 파헤쳐 내려
가는 일이기도 하다. 논리학이 사유의 논리로 인정되기 위
해서도 그것의 존재근거가 물어져야 되는 것이다. 이때 무
의 현상을 체험하는 일은 우리의 시야를 넓히는 과정이다.
이는 형이상학의 언어가 형이상학적임과 동시에 이론적 형
이상학을 넘어서야만 하는 이유이기도 하다.
이제 우리는 다시 앞선 하이데거의 질문으로 돌아가야
한다. 논리학을 넘어서는 존재에 대한 본질적 사유와 그에

적합한 언어는 과연 무엇일까? 「본문」보다 훨씬 후에 쓰인 「후기」에서는 존재자를 다루는 언어와의 차별성을 부각하려는 하이데거의 의도가 유독 돋보인다. 하이데거의 원숙한 사유에서 연유하는 영혼의 언어가 덧붙여졌기 때문일 것이다. 특히 존재자에 대한 사유를 넘어야 한다는 점을 강조하려는 듯, 하이데거의 언어는 신비적인 요소를 포함하고 있기도 하다.

사실 이러한 차별성이 「본문」과 「후기」의 이론적 일관성을 다소 의심케 만들기도 한다. 「본문」이 실존의 본래성을 회복하려는 『존재와 시간』의 의도에 기대어 무의 현상을 실존의 의지적 영역에서 분석하고 있는 반면, 「후기」는 존재의 시원적 사유를 존재가 스스로 자신을 드러내는 은총의 과정으로 묘사하고 있기 때문이다. 존재의 사유는 실존의 의지적 결과일까 아니면 존재의 소리 없는 목소리에 감동하여 자신을 내려놓은 존재의 희생인 것일까? 이에 대한 해제가 우리의 마지막 장이 될 것이다.

2) 존재를 사유하는 언어

우리는 왜 존재자를 넘어 존재에 대한 사유로 나아가지 못하는 것일까? 수많은 정신의 왕자들에게 좌절을 안긴 원인은 크게 두 가지로 나눠볼 수 있겠다. 하나는 사유할 수 없는 무능력이고 다른 하나는 사유하지 않으려는 무의지이다. 양자가 어떻게 구별되는지는 우리의 주제가 아니다. 다만 하이데거는 태고부터 인간에게 생존을 가능케 하였던 분석하고 계산하는 능력으로부터 존재에 대한 사유가 망각되기 시작했다고 판단한다. 살아남기 위해 자연을 계량화하고 조작하였던 인류의 자연적 발자취가 내면에서 울려오는 존재의 목소리에 귀를 막고 등을 돌리게 만들었다는 지적이다 형이상학, 182쪽.

존재에 대한 시원적 사유는 존재가 자신을 드러내는 소리 없는 목소리에 우리가 조용히 경청할 때 시작한다. 존재의 사건Ereignis은 존재자를 도구로 이용하지 않는다. 오히려 존재자의 존재를 드러내기 위해 자신을 아낌없이 내어준다. 존재가 자신을 드러내는 방식을 방해하지 않고 경청하고 맞이하기 위해 우리가 할 수 있는 일은 무엇일까? 하이데거는 존재의 시원적 사유를 위해 우리의 의식적 노력을 강조하는 것일까?

우리의 기억이 틀리지 않다면, 니체가 이 분야에서 권위자임에는 분명해 보인다. 니체의 초인은 존재에 대한 실존의 능동적 사유를 일상화시킨 자를 일컫는다. 하이데거도 이 사실을 이미 알고 있다. 혈기가 왕성한 시절에 집필했던 『존재와 시간』이 니체의 초인적 사유와 일정 부분 친화성을 유지하고 있다는 사실도 부정할 수 없다.

그런데 첨부된 「후기」는 하이데거의 사유가 원숙기에 이르러 기술된 것이다. 존재에 대한 사유를 실존의 의지적 언어로만 기술하기에는 퍽이나 부담이 될 수밖에 없다. 하이데거는 오히려 니체의 발자취를 완화하는 쪽으로 방향을 선회한다. '존재의 드러남을 적극적으로 맞이하라'는 의지적 경구가 아니라 '참을성 있는 성찰의 내맡김Gelassenheit der langmütigen Besinnung'이라는 독특한 표현의 등장은 결코 우연이 아니다형이상학, 177쪽. 존재는 스스로 드러나며 그 과정에 자신을 내맡길 수 있다면, 우리는 존재의 진리에 머무를 수 있게 된다.

여기서 우리는 내맡김Gelassenheit이라는 표현에 주목해 본다. 존재의 시원적 사유는 우리의 의지적 노력과 관련이 없다는 것인가? 우리가 의지를 통해 존재를 밝히려고 하면 할수록 존재의 진리는 더욱 멀어질 뿐인가? 하지만 사유 혹은 생각이란 결국 우리 의식의 산물이 아닌가? 도대체 하이데거는 이로부터 무엇을 염두에 두고 있는 것일까? 여기에는 다양한 해석의 가능성이 존재할 수 있다. 그중 가장 쉬운 해석은 노자의 도덕경에 나오는 '도가도, 비상도道可道, 非常道'의 도움을 받으며 얻어질 수 있다. 도道를 도道라고 할 수는 있으나, 그렇다고 그것이 항상 도道인 것은 아니라는 의미이다. 실존의 의지적 노력으로 만들어낸 존재의 사유가 존재의 진리가 아니라고 말할 수 있는 근거는 없다. 그렇다고 우리의 실존이 항상 존재의 진리와 일치하지는 않을 것이다. 하이데거는 존재의 진리 안에서 실존을 해석하는 여유를 얻기 위해 실존의 성마름을 경계하고 참을성 있는 기다림을 강조했는지도 모른다.

그런데 존재의 진리에 대한 하이데거의 사유에 영향을 미친 지적 전통은 실은 다른 곳에 있다. 14세기 도미니코 수도

회 소속의 수사였던 에크하르트Meister Eckhart가 여기에서 우리에게 도움을 준다. 그가 행한 영적 강화를 위한 강연은 하이데거의 원숙한 사상에 많은 영향을 미친 것으로 알려져 있다. 아마도 하이데거는 에크하르트의 영적 언어를 존재에 대한 시원적 사유를 위해 차용한 것으로 보인다. 잠시 에크하르트의 언어를 인용해 보자.

우리가 자기나 자기 것인 어떠한 것도 더 이상 고수하지 않게 될 때까지, 우리는 자신을 버리는 것을 배워야 한다. 우리가 알든 모르든 관계없이, 모든 갈등과 모든 불안은 모조리 다 자기를 고집하는 데서 비롯된다. 우리는 의지와 갈망에서 더욱 순수하게 벗어나서 자기 것 모두를 갖고, 곧 우리가 모든 경우에서 원하고 갈망할 수 있는 모든 것을 갖고서 신의 선하고도 가장 사랑스런 의지로 우리 자신을 옮겨 놓아야 한다. … 그렇다. 달콤함 신적 감정이 태만에서, 아니면 참된 버리고 떠나 있음Abgeschiedenheit이나 참된 놓아두고 있음Gelassenheit(내맡김) 에서 생길 수 있기 때문에 우리가 그 차이를 간과한다면, 그럴 수도 있다. 따라서 우리가 내적으로 완전히 놓아두고 있을 때, 마치 가장 강렬한 감정 속에 있을 때처럼, 우리가 과연 신을 충분히 신뢰하고 있는지에 주목해야 한다 에크하르트, 125쪽.

하이데거의 초기 언어가 철학적 전통에서 크게 벗어나지 않았던 반면, 말년에 그가 사용하는 언어는 문학을 넘어 거침없이 종교적 색채까지 아우르고 있다. 존재의 시원적 사유를 위해 존재의 드러남에 자신을 내맡기라는 하이데거의 언어가 정확하게 에크하르트의 강연으로부터 유래한 것인지는 확실하지 않다. 그러나 존재의 목소리를 어떻게 경청해야 하는지를 스스로 묻고 있는 하이데거에게 편협한 자아에 대한 집착을 버리고 놓아둘 수 있음을 강조하는 에크하르트의 언어는 다분히 커다란 영감을 불어넣었을 것이다.

우리는 자아를 내려놓는 내맡김의 행위를 단순히 윤리적 의미로만 해석해서는 안 된다. 자기보존이라는 생물학적 중심에 사로잡힌 삶의 방식을 통상 우리는 이기적 삶이라고 말한다. 내맡김이란 이기적 삶의 부정을 말하는 것인가? 자신을 버리고 존재를 맞이하는 행위는 단순히 이타적 삶만을 내용으로 삼는 것이 아니다. 우리가 생물학적 중심으로부터 벗어나기 위해서도 그러한 행위로 우리를 이끌어가는 내적 동인이 필요하기 때문이다.

하이데거는 내맡김의 행위로 이끄는 내적 동기가 존재의 드러남에 대한 감동에서 유래한다고 믿는다. 정확히 말하면, 존재의 은총에 대한 감사가 곧 내맡김으로 이어진다는 것이다. 존재가 자신을 드러내는 방식에 마음이 흔들리고 그에 감사함을 경험하는 자만이 생물학적 자신을 자발적으로 버릴 수 있다. 이는 어쩌면 당연한 심리적 수순인지도 모른다. 간단한 예를 들어보자.

모든 존재자는 가치와 가격을 지닌다. 자본주의 시대를 통과하는 인간도 상품이 지닌 가격만큼 인정되곤 한다. 물론 인간이라는 존재자는 상품이 지닌 가격의 세계를 넘어 존엄성을 갖는다. 현존재와 실존은 존엄성을 지닌 존재자에 대한 다른 이름이다. 이는 칸트가 후대에 남긴 불멸의 발자취이다. 인간 존엄성에 대한 정당화는 인간만이 동물과는 달리 삶의 특권을 지니고 있다는 의미가 아니다. 인간의 존엄성에는 단순히 지능적 우월함을 넘어서는 특별한 의미가 내재되어 있다. 오직 인간만이 자신의 고유한 이야기를 시간 위에 서술할 수 있으며, 오직 그로부터 생의 권리를 얻는 것이다.

그런데 왜 인간만일까? 이성을 그 근거로 제시하기에는 석연찮은 구석이 한두 가지가 아니다. 인간 이성의 본질 속에는 모든 존재자를 계량화하고 조작하는 폭력성도 도사리고 있기 때문이다. 그렇다면 무엇이 인간이라는 존재자에게 자연계에서 유일한 존재론적 특권을 부여하는 것일까?

이 문제를 자세히 논하는 일은 하이데거의 주제도 우리의 관심대상도 아니다. 하지만 인간 실존에게 부여된 존재자의 존재에 대한 특별한 의식은 분명 존재의 선물임에는 틀림이 없어 보인다. 오직 인간만이 자신을 대상으로 삼아 자기 관계를 맺는 존재자인 것이다. 하이데거는 이를 존재의 은총 혹은 존재의 희생이라고 언급한다. 「후기」의 말미에서 무게감 있게 언급되고 있는 '희생Opfer'이라는 개념은 존재가 자신을 드러내는 방식이자 현존재가 존재의 목소리를 경청할 수 있는 비밀스러운 통로로 묘사되고 있다. 존재에 대한 시원적 사유는 존재의 은총 혹은 존재의 희생에 대한 실존의 응답Antwort인 셈이다.형이상학, 184쪽.

희생은, 존재가 인간에게 존재의 진리를 위해 힘쓰라고 요구하는 그런 생기의 본질 속에 친밀하게 거주한다. 그렇기 때문에 희생은 어떤 타산도 용납하지 않는다. 그런 타산을 통해서 희생은, 그 목적이 낮게 설정되어 있든 높게 설정되어 있든 상관없이, 언제나 매번 그것이 유용한 것이냐 혹은 무용한 것이냐에 따라서만 측정될 뿐이다. 그런 식의 계산은 희생의 본질을 망가뜨린다. 여러 가지 목적들의 추구는 희생심에서 드러나는 어떤 기운을, 즉 불안해하면서도 경외로움에 감싸인 그런 청명함을 휘저어버리는데, 이런 희생심은 도저히 파괴될 수 없는 것과 친밀한 이웃이라도 되는 듯 그렇게 여겨진다 형이상학, 185쪽.

가장 정확성을 지니고 있다고 여겨지는 논리적 사고는 계산하는 목소리로서 존재자에 대해 설명한다. 하지만 가장 정밀한 수식조차도 자연적 보존본능이라는 자아의 욕망으로부터 벗어날 수는 없다. 하이데거는 인간의 언어가 이러한 합리주의적 전통으로부터 벗어나지 못할 때, 어느 누구도 근원으로부터 오는 소리 없는 존재의 목소리를 경청할 수 없을 것이라고 경고한다. 누군가가 존재가 선사하는 풍요로움을 경험하고 싶다면, 그는 고정된 존재자의 세계로부터 거리를 유지할 수 있어야 한다. 희생은 존재자에 파묻혀 일하는 작업과 무관하지는 않지만, 확실히 결별할 준비를 해야만 한다. 이는 자신으로부터 거리를 유지할 수 있는 정신의 힘이지만, 존재의 희생에 감사하고 자신을 내맡기는 성찰이 없이는 불가능하다.

따라서 우리는 존재의 희생을 지각하고 경청할 수 있는 정신의 힘을 단순히 의지의 작용으로 간주해서는 안 된다. 실존의 의지는 종종 외부로부터 유래하는 존재자의 속성으로 자신을 채우는 역할을 하지만, 존재의 목소리에 자신을 내맡기는 행위는 부단히 자신을 비울 수 있는 내재적 힘이기 때문이다. 하이데거는 편협한 자아가 요구하는 것을 내려놓고 존재의 희생에 응답할 수 용기를 인간 실존의 특징으로 간주한다. 그리곤 이러한 전개과정 전체를 형이상학의 역사로 통 크게 편집한다.

내맡김과 희생은 동전의 양면이다. 존재의 측면에서 보면, 존재가 자신을 희생함으로 인해 실존은 존재의 사유에 접근해 간다. 반면 실존의 측면에서 존재의 진리는 실존의 응답이라고 볼 수 있다. 소리 없는 존재의 목소리에 자신을 내맡길 수 있는 행위는 자발적 행위이다. 이 자유로운 행위를 통해 우리는 자신의 존재를 확인한다.

자신의 실존을 확인하는 과정은 수많은 사건들 가운데 하나처럼 일상적이지도 소소하지도 않다. 반복되는 것처럼 보이는 숱한 시간조차 단 한 번만 발생하는 유일한 존재의 사건이라는 의식이 동반되기 때문이다. 자연적 측면에서 우리의 삶은 해변에 널려 있는 모래알처럼 우연한 존재자에 불과하다. 그러나 존재자의 존재를 확인하는 과정에서 우리의 삶은 그 무엇으로 대체될 수 없는 존재자로 탈바꿈한다. 이 변신은 커다란 은총이 아닐 수 없다. 단순히 우리의 노력으로 얻어지는 것도 자연적으로 주어지는 것도 아니기 때문이다. 하이데거의 메시지는 분명해 보인다. 감사는 존재의 소리 없는 희생의 목소리를 들을 수 있는 자만이 보일 수 있는 자연적 태도인 것이다.

하이데거의 언어는 단호하다. 감사는 존재의 은총을 지켜 나가려는 발걸음에서 존재자와 결별하는 것이다. 그런데 우리는 여전히 하이데거의 언어가 어렵다. 존재에 대한 사유가 존재의 목소리를 경청하려는 용기와 감사를 전제로 한다면, 도대체 존재의 목소리는 어떠한 언어로 우리에게 다가오는 것일까? 존재의 희생에 감화된 우리의 언어는 어떠한 식으로 전개될 수 있을까? 감사가 실존의 행위로 이어져야 한다면, 이는 결코 쉬운 문제가 아니다. 더 어려운 것은 이 과정을 인식론적 언어로 풀어가는 일이다. 하이데거에게도 이 과제는 매우 버거웠던 것으로 보인다.

일차적으로 우리는 존재의 언어를 어떠한 합리적 사고를 통해 재생해 낼 수는 없다. 하이데거는 우리가 존재의 목소리에 복종할 때, 사유가 스스로 자신의 언어를 찾아간다고 말한다. 학문적 언어가 미칠 수 있는 영역 너머에 존재의 자리를 위치시킨 하이데거의 복안은 독자들에게 좀처럼 풀기 힘든 수수께끼만을 남겨준다.

사유는 존재의 소리에 순종하면서 이 존재에게서 존재의 진리가 언어에 이르게 되는 그런 말을 찾는다. 역사적 인간의 언어가 이런 말 로부터 발원해 나올 경우에만 비로소 언어는 바르게 된다. 언어가 바르게 존립한다면, 은닉된 원천에서 솟아오르는 존재의 말 없는 소리의 베풂은 언어에게 눈짓한다. 존재의 사유는 곧 언어를 바르게 사용하려는 마음씀이다. 오랫동안 숨죽이며 간직해온 말 없음으로부터, 그리고 이런 말 없음 속에서 환히 밝혀진 영역을 세심하게 해명함으로써 사유의 말함이 발원해 나오는 것이다 형이상학, 186쪽.

하이데거의 언어가 독자에게 던져준 과제는 명확한 것은 아니다. 그럼에도 의미가 있다. 존재를 사유하고 그에 합당한 언어를 찾아야 한다는 과제는 다분히 인격적이다. 존재자에 대한 합리적 사유가 생존, 이미지, 강함 등을 추구하는 '있음'의 세계에 갇혀 있는 반면, 존재에 대한 사유는 내맡김을 통해 자신을 열고 무한한 의미의 세계를 받아들이기 때문이다. 이때 무를 체험할 수 있는 정신의 힘은 대단히 중요하다. 무의 체험은 자신을 비울 수 있는 용기의 원천이 되며 차이와 부재 그리고 약함과 여백을 통해 삶을 풍요롭게 가꿀 수 있는 의식의 현상학이 될 수 있기 때문이다.

참고문헌

마이스터 에크하르트(에크하르트), 『마이스터 에크하르트 독일
    어 논고』, 이부현 옮김, 누멘, 2009.

마틴 하이데거, 『존재와 시간』, 이기상 옮김, 한길사, 2009.

마틴 하이데거, 『이정표』, 신상희 옮김, 한길사, 2005.*

• 본문에 인용된 『형이상학이란 무엇인가』(형이상학)는 이 저서에 수록
  된 것이다.

Søren Kierkegaard(Kierkegaard), Entweder/Oder, in : GW, Bd.
    1, Neustadt.

Matin Heidegger(Nietzche II), Nietzche I, II. Pfullingen 1961.

Matin Heidegger(H), Brief über den Humanismus. F.a.M 1949.

Matin Heidegger(K), Kant und das Problem der Metaphysik.
    F.a.M 1951.

Matin Heidegger(GM), Die Grundbegriffe der Metaphysik: Welt

— Endlichkeit — Einsamkeit. Vittorio Klostermann 2004.

※ 괄호 안 약어는 본문 중에서 출처 표기로 쓰였다.

Martin
HEIDEGGER